Unvergessliche Touren

Erlebnis-Wanderungen
Odenwald

30 Touren auf historischen Spuren und in wilder Natur

J. BERG

7 Mittelburg bei Neckarsteinach

Inhalt

Tourenüberblick 5
Vorwort 6
Wandern im Odenwald 8

Neckar und südlicher Odenwald   14

1 Neckarrunde bei Gundelsheim 16
Drei-Burgen-Runde an der Neckarschleife

2 Durch die Margarethenschlucht . . . 20
Den Neckar auf und ab
bei Neckargerach

3 Hinauf zur Minneburg 24
Ruine mit sagenhaftem Ausblick

4 Von Burg Eberbach zum
Katzenbuckel 26
Zum höchsten Berg im Odenwald

5 Vom Froschteich zum Stutenhof . . . 30
Familienausflug mit besonderem Abschluss

6 Von Heidelberg nach
Neckargemünd 32
Über die Himmelsleiter auf den Königstuhl

7 Von der Vorderburg
zum Schwalbennest 36
Vier-Burgen-Tour bei Neckarsteinach

8 Auf Buddhas Weg 40
Von der Marienkultstätte zum
buddhistischen Kloster

Der nordwestliche Sandstein-Odenwald   44

9 Wanderung zum Dreiländerstein . . 46
Vom Harry-Potter-Schloss nach Breitenbach

10 Wanderung zur Wildenburg 50
Auf Wolfram von Eschenbachs Spuren

11 Wildpark Brudergrund 54
Von den Hirschen zu den Pferden

12 Marbach-Stausee 56
Rund um die größte Wasserfläche des Odenwaldes

13 Michelstadtrunde 58
Vom Fürstenschloss zur Einhardbasilika

14 Rund um Würzberg 62
Vom Römerkastell zur Räuberhöhle

15 Zur Gotthardsruine 66
Rundweg um Amorbach

16 Von Schneeberg aus durch den Odenwald 70
Auf Nibelungenpfaden durch das Morretal

17 Rundwanderung bei Miltenberg .. 74
Vom Main hinauf in den Odenwald

18 Laudenbach am Main 76
Von Laudenbach nach Brunnthal und zurück

10 Bildstock im Madonnenländle

17 Neckar bei Neckargemünd

29 Museumsdorf in Gottersdorf

19 Burg-Breuberg-Runde 80
   Über Burg und Berg

20 Schloss Reichenberg und
   Burg Rodenstein................ 84
   Von der Burg zum Schloss

Östlicher Odenwald – Bauland und Madonnenländchen   88

21 Osterburken und Adventon....... 90
   Von den Römern bis zum Mittelalter

22 Limbacher Mühlenwanderung 94
   Von der Limbacher zur Heidersbacher Mühle

23 Das Elztal auf und ab 96
   Über Stege die Elz entlang

24 Hettigenbeuern und das Morretal 100
   Wo ehemals Tabak angebaut wurde

25 Eberstadter Tropfsteinhöhle 104
   Wanderung mit Höhleneinblick

26 Rund um Gerichtstetten 106
   Durch Gärten, Wiesen und Wälder zur Keltenschanze

27 Limespfad bei Walldürn......... 110
   Geradewegs den Römern folgen

28 Rundwanderung bei Hardheim .. 112
   Über den Uhrmacherweg auf die Wacholderheide

29 Von Gottersdorf nach
   Reichartshausen 116
   ... und auf dem Totenweg zurück

30 Von der Wohlfahrtsmühle
   zur Josephskapelle.............. 120
   Rundwanderung bei Hardheim

Zugabe   124

Register 126

Impressum 128

Tourenüberblick

#	Tour	km	m	Zeit	🍴	😊	🏛	❄	☀	🌳	🚌
1	Neckarrunde bei Gundelsheim	11	130	2:30	•		•		•		•
2	Durch die Margarethenschlucht	7,5	160	2:30	•	(•)			•	(•)	
3	Hinauf zur Minneburg	7	150	2:00	•		•		•		•
4	Von Burg Eberbach zum Katzenbuckel	9,5	360	3:00	•		•		•	(•)	
5	Vom Froschteich zum Stutenhof	3,8	50	1:00	•				•		
6	Von Heidelberg nach Neckargemünd	11	490	3:00	•				•		•
7	Vier-Burgen-Tour bei Neckarsteinach	10	230	2:30	•		•		•		•
8	Buddhas Weg und Ruine St. Maria	6	160	1:50	•		•		•		
9	Zum Dreiländerstein	13,5	330	3:15	•				•		
10	Zur Wildenburg	9,6	310	2:30	•		•		•		
11	Wildpark Brudergrund	8	80	2:15	•	•			•		
12	Marbach-Stausee	3,6	70	1:15	•	•			•		
13	Michelstadtrunde	7	120	1:45	•		•		•		•
14	Rund um Würzberg	14	210	3:15	•		•		•		
15	Zur Gotthardsruine	8,6	170	2:00	•		•		•		
16	Von Schneeberg ins Nibelungenland	8,6	180	2:00	•		•		•		
17	Rundwanderung bei Miltenberg	9	300	2:45	•		•		•		•
18	Laudenbach am Main	8,8	150	2:00	•		•		•		•
19	Burg-Breuberg-Runde	7,8	280	2:00	•		•		•		
20	Schloss Reichenberg und Burg Rodenstein	11,6	320	3:00	•		•		•		
21	Osterburken und Adventon	6,7	80	1:45	•		•		•		•
22	Limbacher Mühlenwanderung	7,2	120	1:50	•				•		
23	Das Elztal auf und ab	12	180	3:00	•				•		•
24	Hettigenbeuern und das Morretal	5,2	60	1:30	•		•		•		
25	Eberstadter Tropfsteinhöhle	6,4	80	1:45	•	•	•		•		
26	Rund um Gerichtstetten	7	90	2:00	•				•		
27	Limespfad bei Walldürn	7,5	60	2:00	•		•		•		
28	Rundwanderung bei Hardheim	4	70	1:00	•		•		•		
29	Von Gottersdorf nach Reichartshausen	8,3	160	2:00	•		•		•		•
30	Von der Wohlfahrtsmühle zur Josephskapelle	4,3	110	1:15	•	•					

Blick von der Hinterburg bei Neckarsteinach auf den Neckar

Vorwort

Erlebniswandern bedeutet nicht, auf Schritt und Tritt irgendwelche Aufregungen zu erleben, sondern eher, Ungewohntes zu entdecken oder Bekanntes, aber Vergessenes neu zu entdecken. Das kann das Wandern an sich sein oder, wenn man schon geübt ist, neue Regionen zu erkunden und wandernd zu erforschen.

Um aktuell zu sein, sind wir auch die Wege, die wir schon kannten, neu gegangen. Dabei habe ich versucht, die Auswahl so zu gestalten, dass auch einige Touren dabei sind, die mit der Familie, mit dem Kinderwagen, mit kleinen Kindern oder von Senioren gewandert werden können. Die ausgewählten Touren sind alle bei normaler Kondition leistbar und stellen keine besonderen Anforderungen. Wenn hier und da doch einmal, wird das in der Beschreibung erwähnt und eine meist kürzere Alternative angeboten. Für diejenigen, die sich gerne unterfordert fühlen, sind dagegen auch Vorschläge für Tourenerweiterungen dabei.

Der Odenwald ist ein großes Gebiet. Es mit 30 Touren vollständig zu erfassen ist schlicht nicht möglich. Deshalb habe ich versucht, die Wanderungen halbwegs gleichmäßig über diese herrliche Region zu verteilen. Der überwiegende Teil der Touren liegt mitten im Odenwald, einige habe ich aber auch in das Randgebiet gelegt. Der Odenwald ist als Wanderregion durchgängig gut erschlossen, Wandervorschläge hat fast jeder Ort zu bieten. Deshalb dient dieses Buch eher als Überblick für die ganze Region und als Anregung, auf eigene Entdeckungstouren zu gehen.

Ich hoffe, dass Ihnen dieses Buch ein guter Führer ist und bei Ihnen die Liebe zur Region Odenwald wecken kann.

Lauda-Königshofen, Dezember 2020

Horst-Dieter Radke

Auf dem Weg zur Wildenburg

Wandern im Odenwald

Odenwald ist Wanderland!

Fast jeder Ort kann mit Wanderführern und Wandertafeln Anregungen und Anleitungen bieten. Ein Wanderführer kann damit kaum konkurrieren und muss andere Akzente setzen. Er dient eher für den Überblick und das exemplarische Aufzeigen, wo welche Wanderungen möglich sind. Der Odenwaldklub e.V. (www.odenwaldklub.de/wer-wir-sind) hat ein Wegmarkierungssystem geschaffen, mit dem es sich wunderbar spontan an den meisten Stellen im Odenwald wandern lässt. Bei einer unserer Wanderungen sind wir zwei »Markierern« begegnet, die dabei waren, vorhandene Markierungen zu überprüfen und bei Bedarf zu erneuern. Die Chance, sich zu verlaufen, ist also nicht groß und wenn, dann kommen Sie doch in der Regel an einer Stelle heraus, von der Sie mindestens mit dem Bus wieder wegkommen. Das Verkehrssystem ist gut ausgebaut, und selbst in den entlegensten Orten ist meist eine Bushaltestelle zu finden. Davon, dass die Busse dort allerdings nicht im Zehn-Minuten-Takt vorbeikommen, kann ausgegangen werden, weshalb die gute Vorbereitung einer Wanderung die beste Garantie für einen guten Ausgang ist.

Die Wege am Neckar entlang führen dann und wann durch Wiesen.

Der Odenwald erhebt sich im Westen unmittelbar von der Oberrheinischen Tiefebene. Im Norden zeichnet die B 26 ungefähr die Grenze des Odenwaldes nach, die nicht so abrupt wie im Westen erkennbar ist, denn auch jenseits gibt es noch bergiges Waldland. Im Osten trennt der Main den Odenwald vom Spessart, im Südosten ist es das Flüsschen Erfa, im Südwesten grenzt der Odenwald an das Bauland. Der Neckar bildet die südliche Grenze des Odenwaldes (bis Heidelberg), wobei südlich des

Neckars das Gebiet als »Kleiner Odenwald« benannt noch zum Mittelgebirge gerechnet werden kann.

Der Odenwald ist auch ein Dreiländergebiet: Teile liegen in Südhessen, Unterfranken (Bayern) und Baden-Württemberg. Bei der Zusammenstellung der Touren wurde darauf geachtet, die Wanderungen möglichst gleichmäßig auf diese Gebiete aufzuteilen. Bei der Gliederung des Buches bin ich aber nicht streng nach Landesgrenzen vorgegangen, sondern habe in den südlichen, den westlichen und den östlichen Odenwald gegliedert, wobei das die Länder schon fast trifft, aber hier und da werden Landesgrenzen überschritten. Doch was sind schon Grenzen heutzutage für einen Wanderer? Man geht hinüber und herüber und nirgends hemmt ein Zollbeamter den Wanderschritt.

Der Odenwald ist Nibelungenland. Es gibt mehrere Siegfriedbrunnen, den Nibelungensteig und noch einige andere Orte, die mit der Nibelungensage in Verbindung gebracht werden können. Der Nibelungenwanderweg führt durch den Odenwald, der auf Teilstrecken auch von Senioren bewältigt werden kann. Zahlreiche Burgen und Ruinen laden zur Besichtigung ein. Außerdem ist dieser Wanderweg gut dokumentiert, und man kann sich sogar einen Pass besorgen und Teilstück für Teilstück abstempeln lassen (www.nibelungenland.net/Qualitaetsweg-Nibelungensteig). An einigen Stellen passieren die im Buch vorgestellten Routen diesen Langstreckenwanderweg.

Auf den Spuren der Römer lässt sich im Odenwald ebenfalls gut wandern. Der Limes durchläuft den Odenwald (Miltenberg–Walldürn–Buchen–Osteburken), zahlreiche Kastelle sind noch zu sehen, auch Reste römischer Villen und einige Römer-Museen (z. B. in Osterburken). Auf einigen Wanderrouten aus diesem Buch wird es Begegnungen mit den Überresten der Römer im Odenwald geben.

Aber auch das Mittelalter und die Zeit bis zum 19. Jahrhundert lässt sich im Odenwald in Museumsdörfern gut erkunden (Adventon, Gottersdorf u. a.).

Natur gibt es im Odenwald reichlich: Die Naturparks Bergstraße-Odenwald und Neckartal-Odenwald bieten viele Wandermöglichkeiten. Am Neckar im südlichen Odenwald findet man beispielsweise ein Reliktvorkommen der Äskulapnatter, der größten Schlangenart Deutschlands. Sie ist jedoch völlig ungefährlich, wenig scheu und kann daher von Mai bis Anfang September gut beobachtet werden. Flora und Fauna sind reichhaltig und je nach Jahreszeit unterschiedlich zu bewundern.

Die höchste Erhebung ist der Katzenbuckel (626 m) in Baden-Württemberg, die zweithöchste die Neunkircher Höhe (605 m) in Hessen. Der Kolli (547,5 m) liegt im Dreiländereck von Bayern, Baden-Württemberg und Hessen. Der Kohlich (525 m) bei Breitenbuch in Bayern ist ebenfalls ein lohnendes Wanderziel. Dass dem höchsten Berg des Odenwaldes in diesem Buch eine Referenz erwiesen wird, ist selbstverständlich.

Die einzelnen Touren sind meistens Rundwanderungen. In einem Fall habe ich darauf verzichtet, weil die Verkehrsverbindungen für die Rückreise zum Ausgangspunkt oder die Weiterreise so gut sind, dass auch ungeplant immer zeitnah eine Verkehrsverbindung erreicht werden kann. Für die kürzeste Tour sind Sie eine knappe Stunde unterwegs, für die längste fast vier Stunden. Es ist immer nur die reine Gehzeit angegeben. Nicht eingerechnet sind die Pausen und die Zeit, die Sie sich für Besichtigungen nehmen. Und ganz exakt ist die Gehzeit auch nicht zu bestimmen, denn der eine geht langsamer und die andere schneller. Nehmen Sie es also als Richtwert. Elf Touren sind als leicht ausgezeichnet. Sie sollten von jedem, der noch mobil ist, bewältigt werden können und einige davon sind sogar für Kinderwagen tauglich.

Plätschernde Bäche begleitet man im Odenwald auf vielen Wegen.

Der Odenwald ist ein Mittelgebirge. Kein Vergleich zu den Alpen, aber es gibt doch schon Steigungen, die bewältigt werden müssen. Wenn mehr als 100 Höhenmeter bei einer Wanderung zu überwinden sind, vielleicht noch mehrmals im Verlauf der Wandertour, habe ich die Tour als mittelschwer gekennzeichnet. Wenn Sie so etwas gewohnt sind, weil Sie öfters in solchen Regionen wandern, werden Sie die Wanderung möglicherweise als leicht empfinden. Andere kommen da vielleicht schon an ihre Grenzen. Nur eine Wanderung habe ich alleine unternommen, bei den anderen 29 Touren war meine Frau dabei. Bei zwei Wanderungen war eine unserer Töchter dabei, die schon ganz andere

Wanderungen, vor allem im Gebirge unternommen hat. Zwei Wanderungen haben wir mit Kindern und Enkelkindern unternommen, um auch die Familientauglichkeit zu prüfen. Ganz besonders bedanke ich mich für die Begleitung auf einigen Wanderungen bei zwei Freunden – Amos und Kook-Nam Cho-Ruwwe. Ohne sie hätte das Erwandern dieses Buches nur halb so viel Spaß gemacht.

Ausrüstung und Vorbereitung

Wie Sie sich für die Wanderungen kleiden, will ich Ihnen gar nicht vorschreiben. Dazu gelten wenige Regeln, die es zu beachten gilt. Die Kleidung muss zu den Jahreszeiten passen, nicht zu warm im Sommer und nicht zu kalt im Winter. Wichtiger als die Outdoorjacke mit dem passenden Schriftzug ist gutes Schuhwerk. Für die leichten Touren genügen meist halbhohe Wanderschuhe. Wenn es in die Mittelgebirge geht oder auch in die Weinlagen hoch, ist es besser, Wanderschuhe zu tragen, die auch die Knöchel schützen. Sie sollten sich in den Schuhen wohlfühlen, am besten in schon eingelaufenen Schuhen, in denen Sie nicht befürchten müssen, sich Blasen zu laufen. Gute Wanderschuhe, die gepflegt werden, halten lange, manchmal ein halbes Leben, weshalb man dafür nicht auf Schnäppchenjagd gehen sollte.

Bei einer Wanderpause entledigt man sich gerne von den leidigen Gerätschaften.

Kurze Touren kann man im Grunde ohne jeden Ballast gehen, aber für längere ist ein kleiner Rucksack oder eine Umhängetasche gut, in der man Brotzeit und etwas zu trinken mitnimmt. Letzteres ist besonders wichtig. Man sollte sich nicht darauf verlassen, dass man bei Bedarf irgendwo einkehren kann. Wenn Sie durch den Odenwald wandern, müssen Sie in manchen

Regionen allzu lange auf ein Gasthaus warten. Wichtig sind gute Wanderstöcke. Sie stabilisieren auf unebenen Wegen und helfen beim An- und Abstieg. Bei Wanderungen mit Kindern sollte der mitgeführte Kinderwagen für die Jüngsten geländetauglich sein. Möglich sind dann die Wanderungen 5 und 11. Für Kinder, die schon selbst gut laufen können, sind die Touren 10, 12, 19, 21, 25 und 29 zu empfehlen. Wichtig dabei ist, die Kinder nicht nur wandern zu lassen, sondern ihnen auch Abwechslung zu bieten. Das ist bei den beschriebenen Touren möglich.

Früher gehörte gutes Kartenmaterial zur Grundvoraussetzung beim Wandern. Heute hat man seine Navigationsapp im Smartphone und lässt sich den Weg zeigen. Das will ich gar nicht schlechtreden, es gibt Situationen, da habe ich davon profitiert, etwa wenn geplante Wege nicht gangbar sind. Aber es ist auch ein bisschen lästig, alle paar Meter auf das Smartphone zu gucken, um zu schauen, ob man noch richtig geht, oder der Stimme, die sagt: »Biegen Sie links ab«, blind zu folgen, ohne tatsächlich eine Orientierung zu haben. Mit einer Karte die Tour vorzubereiten bedeutet immer, dass man dann auch weiß, wo man geht. Der Odenwald ist wanderkartenmäßig gut erfasst. Es liegt für jede Region eine Karte im Maßstab 1:20 000 vor. Welche Karte für die jeweilige Tour gilt, ist mit angegeben. Die Feinarbeit in der Vorbereitung mache ich tatsächlich meist mit dem PC, nachdem ich mich vorher auf der Karte orientiert habe. Die dabei erstellte GPS-Datei kann ich dann mitnehmen und bei Schwierigkeiten einsetzen. Für die in diesem Buch beschriebenen Wege sollten Sie ohne Karte und Navigationsapp auskommen. Die Tourenbeschreibungen müssten reichen. Zudem sind die meisten Wege gut ausgeschildert.

Auf halbem Weg die Himmelsleiter bei Heidelberg auf den Neckar hinabgeschaut

Zur Sicherheit Karte und/oder App dabeizuhaben, ist trotzdem keine schlechte Idee.

Tageszeit, Wetter und andere Hinweise

Wann es gut ist, mit der Wanderung zu beginnen, lässt sich schwer allgemeingültig festlegen. Ein paar Ansatzpunkte gibt es aber doch. Im Sommer würde ich raten, früh loszugehen. Damit ist gemeint: je früher, desto besser. Allerdings nur an heißen Tagen gilt diese Regel absolut. Man geht in der Morgenfrische los und ist mittags, wenn es beginnt, richtig heiß zu werden, mit der Wanderung fertig. Nach 14 Uhr (Sommerzeit) wird es richtig heiß und statt Spaß zu haben, wird die Tour zu einer Tortur. Man kann die Wanderung zwar in den Wald verlegen, wo es auch an heißen Nachmittagen noch erträglich ist, aber irgendwann kommt man ja aus dem Wald heraus und dann trifft einen die Hitze wie ein Schlag. Im Frühjahr und Herbst ist es eigentlich egal, wann Sie gehen. Morgens, mittags, abends, alles hat etwas für sich. Gerade abends ist es besonders schön, in den Sonnenuntergang zu wandern. Der kommt ja auch noch früher als im Hochsommer um die Sonnenwende herum. Im Winter ist für mich die beste Zeit später Vormittag bis früher Nachmittag. Im Dunkeln zu wandern ist im Winter alles andere als schön. Die früheste Tour in diesem Buch haben wir im Januar gemacht, die letzte Anfang November. Dazwischen waren wir in jedem Monat unterwegs.

Das Wetter wird überschätzt. Natürlich ist Sonnenschein bei nicht zu heißen Temperaturen ideales Wanderwetter. Wenn man aber vor jeder Wolke, die sich vor die Sonne schiebt, Reißaus nimmt und jeden Regentropfen zum Abbruch der Wanderung versteht, dann kommt man nicht weit. Und im Grunde verpasst man manch schönes Erlebnis. Wenn es wie aus Gießkannen schüttet oder schon tagelang geregnet hat und der Boden matschweich ist, dann bleiben Sie besser zu Hause, lesen ein gutes Buch oder planen die nächste Wandertour – ebenso bei starkem Sturm. Aber wenn ein bisschen Wind weht, die Witterung unbeständig ist, es aber nicht richtig regnet, dann gehen Sie ruhig los. Achten Sie nur darauf, dass sie passend angezogen sind oder für Unwägbarkeiten eine Regenjacke im Rucksack haben.

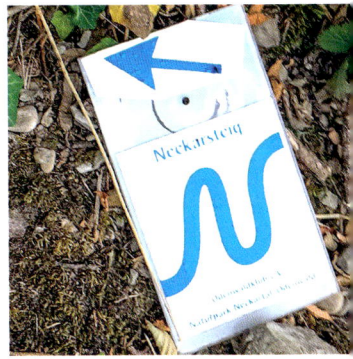

Ganz oben: Wanderzeichen führen im Odenwald sicher die Strecken entlang.

Oben: Der rote Fingerhut blüht am roten Sandstein gerne und prächtig.

Blick auf den Neckar bei Neckargerach

Neckar und südlicher Odenwald

1 Neckarrunde bei Gundelsheim

Drei-Burgen-Runde an der Neckarschleife

mittel 11 km 130 Hm 2:30 Std.

Tourencharakter
Mittelschwere Rundtour, die stellenweise Trittsicherheit erfordert. Vorsicht von Haßmersheim nach Neckarmühlbach beim Überqueren der B 27

Ausgangs-/Endpunkt
Bahnhof Gundelsheim

GPS-Daten
49°16'58.8" N 9°09'29.6" O

Anfahrt
Bahn: Neckartalbahn von Heidelberg oder Bad Friedrichshall. Linie S 41 von Mosbach oder Heilbronn
Auto: Über die A 6 und B 27 von Neckarsulm oder über die B 27 von Mosbach

Karte
Neckartal-Stauferland: Odenwald Freizeitkarte 1:20 000, Blatt 21, ISBN 978-3-931273-99-6

Information
www.gundelsheim.de/tourismus/tourismus-aktuelles.html

Einkehr
Haßmersheim: Restaurant Heaven and Hell, Neckarstraße 5, 74855 Haßmersheim, Tel. 06266/857, hotelgasthof-ritter.de
Neckarmühlbach: Gasthaus zum Neckartal, Neckartalweg 8, 74855 Haßmersheim, Tel. 06266/355, www.gasthaus-zum-neckartal.de

Am südlichen Ende des Odenwaldes, aber noch spürbar in den Ausläufern, liegt die erste Tour unserer Odenwaldwanderungen, die auch ein Stück weit dem Neckarsteig folgt. Zwei Burgen und ein Schloss markieren sie, von denen aber nur das Schloss direkt auf der Wanderroute liegt.

Durch die Altstadt zum Schloss Ausgangspunkt dieser Wanderung ist der Bahnhof in Gundelsheim. Hier können wir parken, wenn wir mit dem Auto angereist sind, und hier geht es los, falls wir mit dem Zug gekommen sind. Den Bahnhof im Rücken wenden wir uns links und behalten dann einfach das Schloss im Blick. Der Weg hinauf führt durch die Altstadt. Wir kommen an der Stadtpfarrkirche St. Nikolaus vorbei. Sie stammt aus dem 15. Jahrhundert, wurde jedoch 1701 barockisiert. Nördlich davon

liegen eine alte Apotheke aus dem 16. Jahrhundert und das Alte Rathaus, das aus dem 16. Jahrhundert stammt und bis 1860 diese Funktion erfüllte. Danach diente es als Schule.
Das Schloss erreichen wir schließlich durch ein Prunktor. Schloss Horneck, 1533 vom Deutschen Orden gebaut auf den Ruinen einer alten Burg, die im Bauernaufstand zerstört wurde, ist in einem guten Erhaltungszustand. Es gibt auch von außen schon einiges zu sehen. Von dort haben wir einen wunderbaren Blick auf das Neckartal. Einen ersten Stopp können wir hier im Schloss machen und das Siebenbürgische Museum besuchen.

Gleich rechts nach dem Aufgang ist der Eingang zum Siebenbürgischen Museum zu finden.

Auf und Ab zum Neckar Vom Schloss aus lassen wir das Eingangstor, durch das wir gekommen sind, rechter Hand liegen und folgen dem Weg in den Wald. Über einige Treppen geht es hinab und später wieder hinauf und zuletzt zum Neckar wieder hinunter. Wir gehen hier ein Stück des Neckarsteiges, der von Heidelberg bis Bad Wimpfen führt. Es ist ein anspruchsvoller Wanderweg, auf dem wir ein Stück

Verlängern der Tour

Möchten Sie Burg Hornberg besuchen, gehen Sie einfach zwei Kilometer weiter am Neckar entlang. Von der Burg dann weiter nach Neckarzimmern, dort den Neckar über die Schleuse queren und zurück nach Haßmersheim. Dieser Umweg macht etwa sechs Kilometer aus, lohnt aber bei schönem Wetter – gute Kondition vorausgesetzt.

Linke Seite: Schloss Horneck in Gundelsheim

leichte Strecke gehen. Trittsicherheit, gutes Schuhwerk und Stöcke sind aber von Vorteil. Das letzte Stück am Neckar entlang bis zur Fußgänger- und Fahrradbrücke ist leicht zu bewältigen. Diesseits des Neckars liegt die Bahnstation von Haßmersheim. Am Anfang der Brücke laden einige Bänke zu einer ersten Pause und vielleicht einer kleinen Brotzeit ein. Von der Brücke aus haben wir einen guten Ausblick auf die Burg Hornberg. Der durch Goethe populär gemachte Goetz von Berlichingen lebte dort 45 Jahre, zeitweise im Hausarrest.

Bis Neckarmühlbach Nach Überquerung der Brücke wenden wir uns links und wandern direkt am Neckar entlang weiter. Am Ortsende entfernt sich der Weg ein Stück vom Neckar, führt aber wieder zu ihm zurück. Große Tafeln weisen darauf hin, dass wir uns am Hühnerberg befinden und ganz in der Nähe drei Eiskeller sind, die in früheren Zeiten auch als Bierkeller genutzt wurden. Der Weg

Links: Über einen schattigen Weg geht es hinauf.

Mitte: Blick von Schloss Horneck auf den Neckar

führt schließlich zur Straße, neben der wir gut einen Kilometer bis zum nächsten Ort Neckarmühlbach gehen müssen. Das ist der uninteressanteste Teil der Wanderung. Immerhin müssen wir nicht am Straßenrand gehen, sondern auf einem Weg neben der Straße. Oberhalb von Neckarmühlbach thront die Burg Guttenberg.

Zurück nach Gundelsheim In Neckarmühlbach gehen wir links am »Alten Marstall« und dann, fast am Ortsende, noch einmal links ab zum Neckar. Den Neckar wandern wir entlang bis zur Schleuse bei Gundelsheim. Es gibt keinen direkten Wanderweg. Wir gehen zwischen den Büschen, die den Neckar säumen, und den Feldern auf einem Grasstreifen. Es geht sich angenehm, zumal die Büsche immer wieder den Blick auf den Neckar freigeben. Am Ende der Schleuse überqueren wir die B27 und halten uns dann links, um wieder zurück zum Bahnhof von Gundelsheim zu kommen.

Burg Guttenberg

Burg Guttenberg ist ein beliebtes Ausflugsziel, weil sich dort eine Greifenwarte und ein Rittermuseum befinden. Eine Ergänzung dieser Wanderung um diese Sehenswürdigkeit ist leichter möglich, als die zur Burg Hornberg. Bis hinauf zur Burg sind es etwa 500 Meter, wobei noch 80 Höhenmeter überwunden werden müssen.

In der Burg Hornberg lebte Götz von Berlichingen mehr als 40 Jahre.

2 Durch die Margarethenschlucht

Den Neckar auf und ab bei Neckargerach

schwer   7,5 km   160 Hm   2:30 Std.

Tourencharakter
Schwere Wanderung, die insbesondere in der Margarethenschlucht Trittsicherheit erfordert. Wird die empfohlene Abkürzung genommen, ist die Tour durchaus familientauglich, nicht jedoch, wenn ein Kinderwagen mitgeführt wird.

Ausgangs-/Endpunkt
Bahnhof Neckargerach

GPS-Daten
49°23'54.3"N 9°04'29.1"O

Anfahrt
Bahn: Neckartalbahn Heidelberg–Bad Friedrichshall
Auto: Von Eberbach oder Neckarzimmern über die B 37

Karte
Neckartal-Stauferland: Odenwald Freizeitkarte 1:20000, Blatt 21, ISBN 978-3-931273-99-6

Information
Gemeinde Neckargerach, Hauptstraße 25, 69437 Neckargerach, Tel. 06263/4201-0, www.neckargerach.de/de/freizeit/erholungsort

Einkehr
Grüner Baum, Neckarstraße 13, 69437 Neckargerach, Tel. 06263/706, www.gruener-baum-neckargerach.de
Restaurant Café Haaf, Hauptstraße 1a, 69437 Neckargerach, Tel. 06263/697

Unweit von Neckargerach hat sich der Flursbach durch den Odenwälder Buntsandstein einen Weg geschnitten, der unter der Bezeichnung »Margarethenschlucht« ein beliebtes Ausflugsziel ist. Doch nicht nur hin und zurück soll es gehen, sondern noch ein Stück weiter, über den Neckar und auf der anderen Seite wieder zurück.

Zur Margarethenschlucht Ausgangspunkt zu dieser Wanderung ist der S-Bahnhof in Neckargerach. Dort kann auch geparkt werden. Über eine Fußgängerbrücke kommen wir direkt zu dem gut ausgeschilderten Margarethenschlucht-Wanderweg. Da es an Wochenenden und an Feiertagen bei schönem Wetter sehr voll werden kann auf dem Weg und insbesondere in der Schlucht, gehen wir lieber unter der Woche oder wenigstens außerhalb der Ferientermine. Kaum ist der Ort verlassen, gehen wir auf gut

Durch die Margarethenschlucht

gepflegtem Wanderweg, zur linken Hand die roten Buntsandsteinfelsen, rechts ein Mäuerchen aus eben diesem Sandstein, das aber den Blick auf den Neckar freilässt. Bei schönem Wetter sind dort die Mauereidechsen und Blindschleichen zu beobachten und auch der Rote Fingerhut (*Digitalis purpurea*) kommt mit diesem kargen Untergrund zurecht.

Große Holztafeln am Wegrand erläutern die geologischen Besonderheiten dieses Gebietes. Am Ende des Weges und am Eingang der Schlucht erläutert eine letzte Tafel die Margaretenschlucht im Besonderen. Zu beachten ist, dass der ganze Bereich unter Naturschutz steht. Die Wege dürfen nicht verlassen werden und ein angemessenes Verhalten – kein Ausreißen oder Abschneiden von Pflanzen u. a. – ist Pflicht.

Entlang der Wasserfälle Der Weg durch die Schlucht ist teilweise eng und unbequem. Trittsicherheit ist unbedingt erforderlich. Deshalb empfehle ich, bei zu großem Besucherandrang lieber auf dieses »Vergnügen« zu verzichten und die im Tippkasten empfohlene Abkürzung zu

Dem Wasserfall in der Margarethenschlucht mangelt es insbesondere im Sommer an Wasser.

Linke Seite: Die Margarethenschlucht ist ein beliebtes Wanderziel.

nehmen. Dort lässt sich die Wanderung zumindest genießen. Insgesamt acht Wasserfallstufen gibt es in der Margarethenschlucht. Die Wasserfalltreppe gilt als höchster Wasserfall im Odenwald. Doch nicht immer ist genügend Wasser vorhanden, um diese Wasserfälle eindrucksvoll zu zeigen. Die größten Chancen hat man wohl im Frühjahr, wobei bei der seit Jahren anhaltenden Wasserknappheit in Deutschland auch dafür keine Garantie gegeben werden kann.

Verkürzen der Tour

Falls die Margarethenschlucht gesperrt ist, sei es, weil beispielsweise Arbeiten an den Wegen stattfinden, kann die in der Karte rot markierte Abkürzung gewählt werden. Auch für diejenigen Wanderer, deren Kondition nicht so gut ist oder denen Trittsicherheit fehlt, ist diese Variante zu empfehlen.

Hinab zum Neckar Nach der Schlucht gehen wir ein kurzes Stück über freies Gelände und dann durch den Wald, bis wir wieder hinunter zum Neckar kommen. Die Abkürzung führt uns am Waldrand vorbei und lässt uns den Neckar im Blick behalten. Bevor wir jedoch den Neckar über die Schleuse queren können, müssen wir erst über die B 37, die zeitweise stark befahren ist. Vorsicht ist angesagt.

Nach Guttenbach Von der Schleuse aus haben wir einen guten Blick den Neckar flussauf- und -abwärts. Wenn wir Glück haben,

Bei der Schleuse wird der Neckar überquert.

Durch die Margarethenschlucht

können wir zusehen, wie ein Schiff – oder zwei – durch die Doppelschleuse bei Guttenbach geleitet wird. Nach der Schleuse biegen wir rechts ab und folgen dem Neckar bis zum Dorf Guttenbach. Wenn wir den Schlenker des Weges durch das Dorf nicht mitmachen wollen, dann gehen wir einfach über die Wiesen weiter, bis wir wieder auf den Weg stoßen. Es ist auch keine schlechte Idee, sich ein Plätzchen für eine Pause und eine kleine Brotzeit zu suchen. Der Blick auf den Neckar, die vorbeifahrenden Schiffe, Reiher und Enten sorgen für die nötige Entspannung.

Blick auf die Schleuse bei Guttenbach

Neckargerach ist Ausgangs- und Schlusspunkt der Wanderung.

Rückweg nach Neckargerach Am Ende von Guttenbach geht es über die Autobrücke zurück nach Neckargerach. Rechts in die Grubenstraße, links in die Ostendstraße, rechts in die Querstraße kommen wir zurück zum S-Bahnhof.

3 Hinauf zur Minneburg

Ruine mit sagenhaftem Ausblick

leicht | 7 km | 150 Hm | 2:00 Std.

Tourencharakter
Leichte Tour, auch der steile Anstieg ist gut zu bewältigen, wenn man ihn nicht gar zu hastig nimmt. Bei Regenwetter ist von diesem Weg allerdings abzuraten.

Ausgangs-/Endpunkt
Bahnhof Neckargerach oder Parkplatz unterhalb der Burg

GPS-Daten
49°23'54.3"N 9°04'29.1"O

Anfahrt
Bahn: Neckartalbahn Heidelberg–Bad Friedrichshall
Auto: Von Eberbach oder Neckarzimmern über die B 37

Karte
Neckartal-Stauferland: Odenwald Freizeitkarte 1:20 000, Blatt 21, ISBN 978-3-931273-99-6

Information
Gemeinde Neckargerach, Hauptstraße 25, 69437 Neckargerach, Tel. 06263/4201-0, www.neckargerach.de

Einkehr
Grüner Baum, Neckarstraße 13, 69437 Neckargerach, Tel. 06263/706, www.gruener baum-neckargerach.de
Restaurant Café Haaf, Hauptstraße 1a, 69437 Neckargerach, Tel. 06263/697

Hoch über dem Neckartal ragen die Ruinen der Minneburg zwischen den Bäumen hervor. Von Neckargerach aus kann man sie auf der gegenüberliegenden Neckarseite sehen. Die Verlockung, einmal hinaufzusteigen, ist groß.

Viele Wege führen zur Minneburg Laufen wir vom S-Bahnhof zur Minneburg, müssen wir über die Autobrücke den Neckar überqueren. Hin und zurück sind es von dort gut sieben Kilometer. Die Tour lässt sich aber auch gut mit der Margarethenschlucht kombinieren. Dann kommen insgesamt noch einmal fünf Kilometer dazu – die Strecke zurück über die Brücke gehen wir ja sowieso. Beide Touren kombiniert eignen sich für einen Tagesausflug. Oder wir parken direkt unterhalb der Minneburg, dann macht der Rundweg etwa viereinhalb Kilometer aus.

Hinauf zur Minneburg

Zur Burg hinauf Es gibt einen bequemen Weg zur Burg hoch, der ist ausgeschildert und führt in einem Bogen rund um den Berg zur Burg hinauf. Wir gehen aber lieber den steilen Anstieg direkt vom Parkplatz aus hoch. Das hört sich schlimmer an, als es letztendlich ist. Allerdings ist es kein Weg, der bei Regenwetter gut zu gehen ist. Oben angekommen lohnt nicht nur der Blick auf die Ruinen, sondern vor allem der Blick von den Ruinen hinunter ins Neckartal. Auf der Burg lässt es sich gut für eine Weile rasten. Es stehen genügend Bänke und Tische bereit, um eine mitgebrachte Brotzeit zu verzehren und von dem steilen Anstieg zu verschnaufen.

Die Minneburg oberhalb von Neckargerach bietet einen wundervollen Ausblick auf das Neckartal.

Linke Seite: Trutzige Mauern haben sich bei der Minneburg erhalten.

Die Runde zurück Es mag verlockend sein, den Anstiegsweg auch für den Rückweg zu nehmen. Schöner ist es aber, die Runde in entgegengesetzter Richtung einzuschlagen, langsam den Burgberg hinabzugehen und anschließend unten am Neckar zurückzuwandern. Gerade im Sommer ist im Schatten des Waldes gut zu gehen. Anspruchsvolle Stellen begegnen uns dabei nicht, verlaufen kann man sich kaum. Wenn der von der Burg wegführende Weg zu Ende ist, geht man rechts, um wieder zum Ausgangspunkt zurückzukommen.

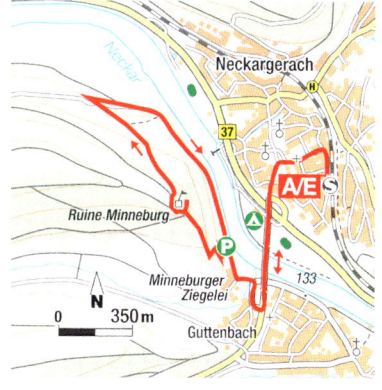

4 Von Burg Eberbach zum Katzenbuckel

Zum höchsten Berg im Odenwald

mittel | 9,5 km | 360 Hm | 3:00 Std.

Tourencharakter
Mittelschwere Wanderung, es sind immerhin 360 Höhenmeter zu überwinden, allerdings auf Wegen, die unproblematisch sind. Trittsicherheit, gutes Schuhwerk und Wanderstöcke sind von Vorteil.

Ausgangs-/Endpunkt
Parkplatz Burg Eberbach

GPS-Daten
49°27′59.1″N 9°00′16.9″O

Anfahrt
Zu Fuß: Von Eberbach über den Wanderweg HW 34 des Odenwaldklubs
Auto: Von Eberbach über die L524

Karte
Neckartal-Stauferland: Odenwald Freizeitkarte 1:20000, Blatt 21, ISBN 978-3-931273-99-6

Information
Touristinformation Eberbach, Leopoldsplatz 1, 69412 Eberbach, Tel. 06271/87242, www.eberbach.de

Einkehr
Villa Katzenbuckel (ehem. Turmschenke), Katzenbuckelstraße 28, 69429 Waldbrunn, Tel. 06274/383, www.villa-katzenbuckel.de

Man braucht keine Seile und Haken, um den höchsten Berg im Odenwald zu bezwingen, aber Ausdauer und gute Kondition, zumindest, wenn man ihn nicht vom nahe unterhalb des Gipfels gelegenen Parkplatz angeht, sondern von der Burg Eberbach.

Zur Burgruine Eberbach In einer Kehre der Waldbrunner Straße, die von Eberbach nach Dielbach führt, liegt ein Parkplatz, von dem aus man die Burg Eberbach erreichen kann. Wir sind vom Neckar aus schon ein Stück hinaufgefahren, haben aber noch

einen Anstieg von 360 Höhenmetern vor uns. Den ersten Anstieg zur Burg schaffen wir leicht – es ist nicht weit. Vom Parkplatz aus geht es gerade hoch, wir müssen aber bald nach links schwenken, um die Burg zu erreichen. Genau genommen sind es drei Burgen, doch fällt das bei den Ruinen nicht so sehr ins Gewicht. Alle drei liegen auf einem Bergvorsprung etwa 160 Meter über dem Neckar. Die früheste Burg wurde in der ersten Hälfte des 12. Jahrhunderts errichtet, die jüngste – die Hinterburg – gegen Ende der ersten Hälfte des 13. Jahrhunderts. Bereits 1403 wurde die Burg zur Schleifung freigegeben. Material der Burg wurde anschließend zum Bau nach Eberbach transportiert und für Wildmauern zum Schutz von Äckern eingesetzt.

Verlängern der Tour

Wenn Sie eine gute Kondition haben, dann können Sie die Burg auch von Eberbach aus ersteigen. Von der Stadtmitte aus führt der HW 34 des Odenwaldklubs direkt zur Burg hoch.

Links: Die Burgruine Eberbach liegt versteckt im Wald …

Rechts: … und ist erst nach einem steilen Aufstieg zu erreichen.

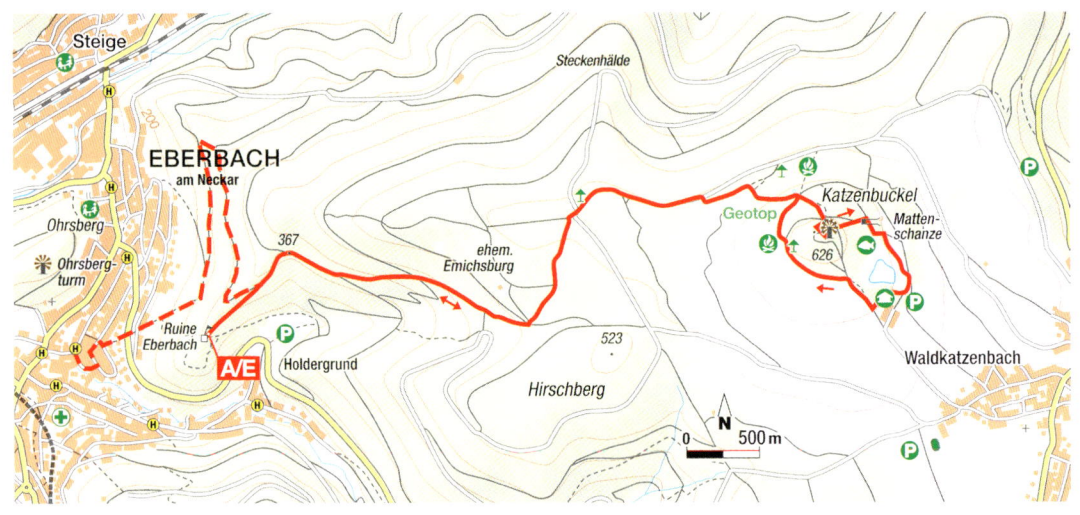

Rechte Seite: Der Aussichtsturm auf dem Katzenbuckel

Auf den Katzenbuckel Wenn wir uns die Burg zur Genüge angesehen haben, machen wir uns auf den Weg zum höchsten Gipfel des Odenwaldes. Der Weg ist gut ausgeschildert, sodass Irritationen kaum aufkommen können. Allerdings steigt der Weg

Rechts: Manch unvorhergesehenes Hindernis muss überwunden werden.

Unten: Felsen muss man im Odenwald nicht lange suchen.

fast durchgehend an, manchmal recht steil, sodass für diese Strecke von gut vier Kilometern die Kraft gut eingeteilt werden sollte. Wanderer mit guter Kondition werden jedoch nicht an ihre Grenzen kommen. Oben auf dem Katzenbuckel steht ein Turm, der einen wunderbaren Rundblick bietet – wenn wir ihn denn besteigen können. 2020 war er wegen der Pandemie leider zugesperrt. Es gibt aber Bänke auf dem Gipfel, auf denen es sich gut ausruhen lässt, auch mit dem Wissen, dass wir auf einem Vulkan sitzen. Doch keine Sorge: Der letzte Ausbruch liegt etwa 60 Millionen Jahre zurück.

Um den See und zurück Wir steigen gegenüber der Stelle, an der wir hochgekommen sind, wieder hinab und kommen nach einer kurzen Weile am Steinbruchsee vorbei, der eher ein kleiner Teich denn ein See ist. Unterhalb des Sees liegt der Parkplatz, den diejenigen anfahren, die die Mühe scheuen, den Katzenbuckel von unten zu besteigen oder die die Villa Katzenbuckel besuchen wollen, um dort zu speisen. Wir gehen am Ende des Sees ein Stück hinauf und biegen dann links ab, um den Rückweg anzutreten. Vom Waldrand aus haben wir einen wunderschönen Blick auf die umliegende Landschaft. Am Ende stoßen wir wieder auf den Weg, über den wir heraufgekommen sind und gehen ihn zurück, nun mit etwas weniger Anstrengung als auf dem Hinweg.

Lehrpfad

Am ehemaligen Steinbruch nahe des Sees beginnt der Lehrpfad »Weg der Kristalle«. Er endet auf dem Berggipfel. Da dieser unser Ziel ist, kann der etwa eineinhalb Kilometer lange Weg auch von dort – quasi rückwärts – gegangen werden. Holztafeln erläutern die Entstehungsgeschichte des Katzenbuckels.

5 Vom Froschteich zum Stutenhof

Familienausflug mit besonderem Abschluss

Tourencharakter
Leichte Wanderung, auch kinderwagentauglich, zumindest für geländegängige Buggys

Ausgangs-/Endpunkt
Parkplatz Stutenhof, Simmesstraße 17, 69429 Waldbrunn-Mülben

GPS-Daten
49°27'56.0" N 9°06'14.4" O

Anfahrt
Auto: Über die L524 von Mudau oder die Waldbrunner Straße von Eberbach aus

Karte
Neckartal-Stauferland: Odenwald Freizeitkarte 1:20000, Blatt 21, ISBN 978-3-931273-99-6

Information
Zollmann Stutenmilch GmbH, Simmesstraße 17, 69429 Waldbrunn-Mülben, Tel. 06274/242, www.stutenmilch.de

Einkehr
Hotel/Restaurant Drei Lilien, Odenwaldstraße 27, 69429 Waldbrunn-Mülben, Tel. 06274/9204-0, www.hoteldreililien.de

Viele Pferde, Stutenmilch und Frösche im Teich – das verspricht eine abwechslungsreiche Familienwanderung, die auch als Abschluss der Wanderung zum Katzenbuckel gewählt werden kann.

Zum Froschteich Parken können wir in Waldbrunn-Mülben, direkt vor oder in der Nähe des Stutenhofes. Es ist ratsam, diesen zunächst nicht aufzusuchen, sondern erst den Weg zum Mülbener See einzuschlagen. Kinder könnten sonst schwer zu bewegen sein, von den vielen Pferden – vor allem Fohlen – wegzugehen. Nach Überquerung des Höllbaches geht es links ab und zunächst am Waldrand entlang, das letzte Stück durch den Wald, bis der Mülbener See auftaucht. Nähern wir uns diesem leise, so haben wir die Chance, Fischreiher, Frösche und Ringelnattern beobachten zu können. Frösche, die auf den Seerosenblättern sitzen, sind nicht leicht zu erkennen, aber es ist ein schönes Spiel für Kinder, welche zu entdecken. Hier etwas Zeit einzuplanen, ist auf jeden Fall empfehlenswert.

Die Fohlen haben es Kindern meist besonders angetan.

Weiter durch den Wald Vom See aus gehen wir weiter, bis ein größerer Weg, von rechts kommend, scharf links abknickt. Diesem folgen wir bis fast zum Ortseingang. Auf halber Strecke ist aber auch eine Abkürzung möglich (gestrichelt eingezeichnet in der Karte), etwa wenn die jüngeren Familienmitglieder gar zu ungeduldig sind oder der weitere Weg versperrt ist, zum Beispiel wegen Holzfällarbeiten. Diese Strecke hat vordergründig nichts Besonderes. Der Wirtschaftsweg durch den Wald ist nicht anders als an vielen anderen Orten. Doch lassen sich hier am Wegrand viele Entdeckungen machen: Käfer und Schmetterlinge beispielsweise, die für die Kinder so interessant werden können wie die Frösche im See. Kurz vor dem Ort, am Ende des Waldes, biegen wir wieder links ab, folgen dem schmalen Weg noch ein Stück durch den Wald und dann rechts über die Felder bis zur Simmesstraße, wo sich die Demeter-Stutenmilchfarm befindet. Nun können die Kinder schauen, solange sie wollen. Auch das Zusehen beim Melken der Stuten ist möglich – falls es gerade stattfindet. Und natürlich kann die Stutenmilch – und die vergorene, leicht alkoholische Variante Kimis – probiert werden.

Der kleine Weiher bietet Lebensraum für Frösche, Ringelnattern, Wasservögel und zahlreiche Insekten.

6 Von Heidelberg nach Neckargemünd

Über die Himmelsleiter auf den Königstuhl

schwer | 11 km | 490 Hm | 3:00 Std.

Tourencharakter
Schwere Wanderung, Trittsicherheit und gute Kondition notwendig. Gutes Schuhwerk und Wanderstöcke sind wichtig.

Ausgangspunkt
S-Bahnhof Alt-Heidelberg

Endpunkt
S-Bahnhof Neckargemünd

GPS-Daten
49°24'55.2" N 8°43'15.0" O

Anfahrt
Bahn: Heidelberg kann mit ICE-, IC-/EC-, Regionalzügen und der S-Bahn RheinNeckar angefahren werden. Auch der Flixtrain Stuttgart-Berlin hat Heidelberg auf seiner Linie.
Auto: Über die A 5 und die A 656 sowie über die B 3 und die B 37

Karte
Heidelberg–Neckartal-Odenwald: Odenwald Freizeitkarte 1:20000, Blatt 12, ISBN 978-3-947593-10-1
Neckartal-Odenwald: Odenwald Freizeitkarte 1:20000, Blatt 13, ISBN 978-3-947593-18-7

Information
www.heidelberg.de/hd/HD/Besuchen

Einkehr
Kiosk Fuchsbau, Königstuhlweg 1, 69117 Heidelberg, Tel. 0179/6906303

Der anstrengendste Teil dieser Wandertour kommt gleich zu Beginn: die Himmelsleiter, die vom Heidelberger Schloss über 1200 ungleichmäßige Sandsteinstufen hinauf zum Königstuhl führt. Von da an geht es nur noch bergab, was aber auch recht anstrengend sein kann. Eine schöne Wanderung ist es trotz alledem.

Mit der Bergbahn zum Schloss Wenn wir mit dem Auto nach Heidelberg anreisen, können wir unterhalb der Burg, nahe bei der Bergbahn, in einer Tiefgarage parken. Kommen wir mit dem EC/IC oder ICE am Hauptbahnhof an, müssen wir mit der S-Bahn weiter bis zum Bahnhof Heidelberg-Altstadt. Von dort aus gehen wir links, den Neckar zur rechten Hand, in die Altstadt hinein. Kurz nach dem Bahnhof sehen wir das Karlstor, das ein Geschenk der Bürger an den Kurfürsten Karl Theodor war (1781),

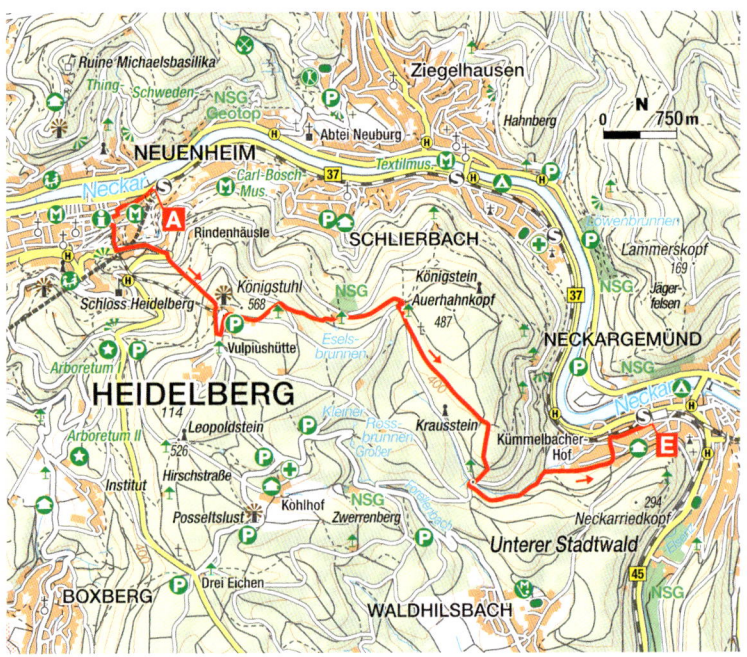

und wenn wir wollen, können wir hindurchgehen. Den Karlsplatz überqueren wir und biegen am Kornmarkt links ab, um zur Heidelberger Bergbahn zu kommen. Mit ihr fahren wir zum Schloss hinauf.

Auf der Himmelsleiter zum Königstuhl Nach dem Verlassen der Bergbahn halten Sie sich rechts und folgen der Straße bis zum Parkplatz, an der die Himmelsleiter beginnt. Diese Stelle ist nicht zu übersehen, weil große Holztafeln auf die Stufen zum Königstuhl hinweisen. Natürlich können wir auch zunächst das Schloss besuchen, doch da dies nicht mit wenigen Minuten abgetan ist, sollte dafür vorher ausreichend Zeit eingeplant werden. Kurz vor Beginn der Himmelsleiter sehen wir ein ehemaliges Hotel, in dem 1887 Elisabeth (Sisi), die Kaiserin von Österreich, abgestiegen ist. Die Himmelsleiter zu bewältigen ist keine unüberwindbare Aufgabe. Wir haben mit 65+ an reiner Gehzeit 55 Minuten gebraucht. Das tatsächlich eineinhalb Stunden vergangen sind, bis wir oben auf dem Königstuhl waren, lag nicht nur an den Verschnaufpausen, die wir immer wieder eingelegt haben, sondern auch daran, dass wir fleißig Maronen gesammelt haben. Wenn derartige Ablenkungen nicht gewünscht sind, darf man nicht im Herbst wandern. Oben angekommen belohnt eine wunderbare Aussicht bis hinüber zu den Pfälzer Bergen.

Mehr als 1200 Sandsteinstufen geht es die Himmelsleiter hinauf.

Zu Fuß zum Schloss

Natürlich können wir auch hochlaufen, doch dann kommen zu den 1200 Stufen noch einmal gut 200 hinzu. Wer diese Mühe nicht scheut, geht an der Bergbahn vorbei und findet dahinter den Burgweg, der ziemlich direkt hinaufführt, dann aber um das ganze Schloss herum. Besser ist es, die Treppe zu nutzen, um die gut 100 Höhenmeter zu bewältigen.

Zum Felsenmeer Vom Königstuhl aus orientieren wir uns an den Wegweisern, die zum Felsenmeer führen. Es gibt natürlich die üblichen, für die wir die Köpfe nach oben recken müssen, weil sie als Schilder in Pfeilform

die Richtung weisen. Schöner aber sind die Wegweiser, die am Boden liegen: Steine und Felsen, in die die jeweiligen Markierungen eingraviert sind. Odenwald ist Felsenland, man sieht überall zwischen den Bäumen die roten Sandsteinfelsen liegen und geht nicht selten auch über steinige Wege. So gehäuft wie an dieser Stelle findet man sie aber nur an wenigen Plätzen (im Odenwald noch bei Ebersberg, bei Schannenbach und bei Reichenbach). Von hier aus halten wir uns nun an die Wegweiser nach Neckargemünd. Selbst wenn wir ohne GPS-Führung oder Karte gehen, kommen wir, wenn wir vom Weg abkommen, immer an unserem Zielort an.

Der Blick vom Königstuhl hinab in die Ebene belohnt die Mühen des Aufstieges.

Nach Neckargemünd Den Neckarsteig kreuzen wir auf unserem Weg noch einige Male, der »Via naturae« folgen wir aber ein ganzes Stück. Dieser besondere Waldweg wurde von der Stadt Heidelberg angelegt. Viele Bildtafeln versuchen dem Naturliebhaber Wissen über den Wald und seine Lebensräume zu vermitteln. Der Weg ist ein Rundweg, der zum Königstuhl zurückführt. Deshalb sollten wir nicht die Wegweiser nach Neckargemünd aus dem Auge verlieren.

Linke Seite: Eines der Odenwälder Felsenmeere findet sich nahe des Königstuhles.

In Neckargemünd angekommen biegen wir links ab in den Ort, um zur ersten S-Bahn-Station zu kommen, von wo aus wir nach Heidelberg zurück oder in die andere Richtung weiterfahren können. Möchten wir zuvor jedoch noch ein Restaurant aufsuchen, müssen wir geradeaus etwa einen Kilometer weitergehen, bis wir in die Altstadt kommen. Von dort können wir über den S-Bahnhof Neckargemünd Altstadt ebenfalls weiterkommen.

Der Neckarsteig

Unsere Wandertour führt nicht die gesamte Strecke des Neckarsteiges nach Neckargemünd, sondern ist kürzer und nicht ganz so schwierig. Der Neckarsteig ist gut dokumentiert und gut ausgezeichnet. Falls Sie sich durch unsere Route unterfordert sehen, wird es Ihnen nicht schwerfallen, die Neckarsteigetappe zu finden. Das Zeichen an den Wegen ist unübersehbar. Nähere Informationen erhalten Sie über www.neckarsteig.de.

7 Von der Vorderburg zum Schwalbennest

Vier-Burgen-Tour bei Neckarsteinach

mittel | 10 km | 230 Hm | 2:30 Std.

Tourencharakter
Mittelschwere Wanderung, Trittsicherheit an steilen Stellen erforderlich. Gutes Schuhwerk und Wanderstöcke sind wichtig.

Ausgangs-/Endpunkt
S-Bahnhof Neckarsteinach oder Parkplatz Vierburgen

GPS-Daten
49°24'31.6"N 8°49'40.1"O

Anfahrt
Bahn: Mit der S-Bahn von Heidelberg oder Mosbach
Auto: Auf der B 37 von Heidelberg, Eberbach oder Mosbach

Karte
Heidelberg–Neckartal-Odenwald: Odenwald Freizeitkarte 1:20000, Blatt 12, ISBN 978-3-947593-10-1

Information
Touristinformation, Neckarstraße 47, 69239 Neckarsteinach, Tel. 06229/70 89 14, www.neckarsteinach.com

Einkehr
Restaurant Zum Schiff, Neckargemuender Straße 2, 69239 Neckarsteinach, Tel. 06229/324, www.zum-schiff.de
Stadtbistro, Hauptstraße 29, 69239 Neckarsteinach, Tel. 06229/70 86 64
Biergarten Schwanengarten, Schiedweg 7, 69239 Neckarsteinach, Tel. 06229/933 38 88, www.schwanengarten.de

Gleich vier Burgen auf einer Tour zu erleben ist schon etwas, was man nicht bei jeder Wanderung bekommt. Der Blick auf eine fünfte Burg am gegenüberliegenden Ufer kommt noch dazu. Aber auch sonst ist es ein schöner Rundweg.

Hinauf zur Hinterburg Kommen wir mit der S-Bahn nach Neckarsteinach, gehen wir entweder am Neckarufer entlang, bis die Straße unterquert werden kann, um zum Parkplatz Vierburgen zu kommen (ca. eineinhalb Kilometer), oder besser, wir überqueren am Restaurant Zum Schiff die Straße und gehen die Schloßsteige hoch. Sie führt an der Vorder- und Mittelburg vorbei und hinter der Mittelburg über den Burgenweg zur Hinterburg. Reisen wir mit dem Auto an, können wir vom Parkplatz

Die Hinterburg bei Neckarsteinach

Vierburgen aus gleich hoch zur Hinterburg steigen. Dies ist die älteste der vier Burgen. Mit dem Bau begann man Anfang des 12. Jahrhunderts und sie hielt sich bis zum Dreißigjährigen Krieg. Von dort oben haben wir einen fantastischen Ausblick auf die Neckarschleife.

Blick auf die Neckarschleife von der Hinterburg aus

Weiter zur Burg Schadeck Von der Hinterburg aus gesehen biegen wir links ab und gehen parallel zum Neckar bis zur Burg Schadeck, die auch »Schwalbennest« genannt wird, weil sie direkt in den Hang hineingebaut wurde. Wir haben sie vom Parkplatz aus schon bewundern können. Es ist die jüngste der vier Neckarsteinacher Burgen. Auch Mark Twain hat sie auf seiner Reise durch Europa vom Neckar aus bewundert und beschrieben. Nahe der Burg ist der

Der Teufelstein nahe dem Schwalbennest

Teufelstein zu sehen. Die Sage erzählt, dass der Teufel daran angekettet war, sich aber befreien konnte. Beim Bersten der Kette soll eine tiefe Furche im Felsen entstanden sein. Man sieht sie heute noch. Nach ausgiebiger Betrachtung müssen wir ein Stückchen Weg zurück, um wieder auf den Rundweg zu kommen.

Über Lindenbach zurück nach Neckarsteinach Unspektakulär, aber schön verläuft der weitere Rundweg. Wenn die Route nach rechts abknickt, erreichen wir nach wenigen Metern das Naturdenkmal Bligger-Linde.

Burg Schadeck, auch das Schwalbennest genannt

Der Baum war im Jahr 1973 bereits 450 Jahre alt und braucht nun nicht mehr lange bis zum 500. Geburtstag. Eine Tafel erinnert an die Herren von Steinach, auch Bligger genannt, die als Erbauer der vier Burgen gelten. Am Ruhstein ist auch eine Hütte zu finden und eine erste Gelegenheit, Rast zu machen. Allerdings liegen noch zwei Drittel des Weges vor uns. Dabei überschreiten wir auch zweimal die Grenze zwischen Hessen und Baden-Württemberg. In Lindenbach geht es längs der Steinach zurück nach Neckarsteinach. Wir kommen an der Hinterburg heraus und von dort zur Mittel- und Vorderburg. Beide Burgen sind bewohnt und können innen nicht besichtigt werden. Je nach Anreise gehen wir von dort zur S-Bahn oder zum Parkplatz zurück.

Verkürzen der Tour

Wählen wir am Ruhstein den Ochsenkopfweg, gelangen wir zu einem Aussichtsturm, der einen schönen Rundblick auf das Neckartal bietet. Am gegenüberliegenden Ufer ist die Burgfeste Dilsberg zu bewundern. Aber aufgepasst: Der Aussichtsturm liegt ein paar Meter abseits des Wanderweges. Diese Tourvariante ist um gut zwei Kilometer kürzer.

Hoch oben von der Hinterburg lässt sich die ganze Anlage der Ruine überblicken.

8 Auf Buddhas Weg
Von der Marienkultstätte zum buddhistischen Kloster

leicht | 6 km | 160 Hm | 1:50 Std.

Tourencharakter
Mittelschwere Wanderung, Trittsicherheit ist erforderlich. Gutes Schuhwerk und Wanderstöcke werden empfohlen.

Ausgangs-/Endpunkt
Wanderparkplatz Hardberg

GPS-Daten
49°32′52.0″ N 8°48′18.7″ O

Anfahrt
Bus: Linie 681 von Wald-Michelbach
Auto: Von Wald-Michelbach über die L3120 und Weinheimer Straße. Von Weinheim (B3) über Gorxheimertal und Absteinach bis Siedelsbrunn. Von Birkenau (B38) über die L3408 und Absteinacher Straße

Karte
Der Überwald: Odenwald Freizeitkarte 1:20000, Blatt 9, ISBN 978-3-947593-16-3

Information
Fremdenverkehrsamt, Einhardspforte 3, 634720 Michelstadt, Tel. 06061/706139
www.wald-michelbach.de

Einkehr
Buddhas Weg, Buddhas Weg 4, 69483 Siedelsbrunn/Wald-Michelbach, Tel. 06207/925 9821, www.buddhasweg.eu
Restaurant Morgenstern, Weinheimer Straße 55, 69483 Wald-Michelbach, Tel. 06207/94010, gasthaus-morgenstern.de

Es heißt, der Weg ist das Ziel. Deshalb liegt bei dieser Wanderung das buddhistische Kloster auch am Ende der Tour, obwohl wir unterhalb starten und nur wenige Schritte benötigen würden, um es zu erreichen. Doch wir wenden uns um und lassen es in unserem Rücken immer weiter hinter uns.

Stille Wege im Wald laden zu Meditation und Besinnung ein.

Auf Buddhas Weg

Durch Siedelsbrunn in den Wald Wir können vom Parkplatz die Straße entlang nach Siedelsbrunn hineingehen, das ist der kürzere Weg. Schöner ist es, erst Richtung Minigolfplatz und anschließend vor oder hinter dem Platz Richtung Ortschaft zu gehen. Wir kommen auf den Forsthausweg und von dort auf die Weinheimer Straße, die wir aber sofort wieder über die Obergasse verlassen. Über Brunnengasse und Boschweg gehen wir aus dem Ort. Bald schon sind wir im Wald und fast für uns allein, denn auf dieser etwas längeren Runde gehen offensichtlich nicht zu viele Wanderer. Es gibt viele Wege hier, doch Sie können sich nicht groß verirren. Verlassen Sie sich auf Ihr Navigationsgerät oder folgen Sie den Schildern zur Kappellenruine.

Ruine der Kultstätte St. Maria in Lichtenklingen

St. Maria in Lichtenklingen Etwa auf halber Strecke, wenn wir gerade dabei sind,

41

Manche Wegmarken im Odenwald sind nicht zu übersehen.

die Richtung zu wechseln, stoßen wir auf St. Maria in Lichtenklingen, eine Ruine, die einmal eine Marienkultstätte war. Zunächst die Romantiker, später die Nationalsozialisten haben dort eine ältere keltische oder germanische Kultstätte vermutet. Nachgewiesen werden konnte diese bislang nicht. Erbaut wurde die Kapelle im 13. Jahrhundert. Drei Jahrhunderte später setzte der Verfall ein. Die Kapelle wurde anschließend als Steinbruch genutzt. Trotzdem können aus den verbliebenen Resten noch Ausmaß und Anlage der Kapelle erkannt werden. Seit den 1980er-Jahren findet inzwischen wieder jährlich, zum Hochfest Mariä Himmelfahrt, eine Wallfahrt zur Kapellenruine statt. An dieser Stelle eine Rast zu machen, sei es um ein wenig zu meditieren oder eine Brotzeit zu nehmen, ist eine gute Idee. In-

Zahlreiche Bodhisattvas sind auf dem Gelände.

... des buddhistischen Klosters zu finden.

nerhalb der Ruinen sind Tische und Bänke zu finden, außerhalb stehen ebenfalls einige Bänke bereit. Außerdem lässt es sich auch auf den Mauerresten ausruhen oder bei trockenem Wetter auf der Wiese vor der Ruine.

Kloster Buddhas Weg Bald nach der Ruine wechseln wir in einem Bogen nach rechts die Richtung und gehen dann linker Hand weiter bis zu Buddhas Weg. Keine Sorge, wir sind nicht gleich da. Wir haben noch einige Kilometer Waldweg – überwiegend – vor uns und können dabei die Stille üben, die wir im Kloster einhalten müssen. Es ist ein Gästehaus und es finden Seminare statt. Da wollen wir nicht stören. Es gibt aber auch ein Teehaus, das uns nach dieser Wanderung gerade recht kommt. Bis zum Parkplatz sind es dann ja nur noch ein paar Schritte.

Kunstweg Siedelsbrunn

Vom Kloster Buddhas Weg bis zur Kreidacher Höhe können auf dem Kunstweg Siedelsbrunn Objekte bestaunt werden, die im Jahr 2012 unter den Augen der Öffentlichkeit entstanden sind. Anstatt nach der Erfrischung im Teehaus gleich wieder ins Auto oder den Bus zu steigen, lohnt es sich, den Weg zumindest ein Stück weit abzugehen und einige dieser Kunstobjekte in Augenschein zu nehmen. Eine Tafel am Parkplatz weist den Weg.

Mitten im Odenwald liegt die Wildenburg, die Wolfram von Eschenbach als Vorbild zur Gralsburg diente.

Der nordwestliche Sandstein-Odenwald

9 Wanderung zum Dreiländerstein

Vom Harry-Potter-Schloss nach Breitenbach

schwer 13,5 km 330 Hm 3:15 Std.

Tourencharakter
Schwere Wanderung, Trittsicherheit ist erforderlich. Gutes Schuhwerk und Wanderstöcke werden empfohlen.

Ausgangs-/Endpunkt
Wanderparkplatz Hardberg

GPS-Daten
49°34'00.2"N 9°08'13.2"O

Anfahrt
Auto: Von Kirchzell über Ottorfszell nach Ernsttal

Karte
Fränkischer Odenwald: Odenwald Freizeitkarte 1:20000, Blatt 11, ISBN 978-3-947593-01-9

Information
Markt Kirchzell, Hauptstraße 19, 63931 Kirchzell, Tel. 09373/9743-0, www.kirchzell.de

Einkehr
Zum Prinzen Ernst, Siegfriedstraße 6, 69427 Mudau, Tel. 06284/9279404
Grünvogels Landgasthof Zum Grünen Baum, Römerstraße 1, 64760 Oberzent-Hesselbach, Tel. 06276/280, www.gruenerbaum-hesselbach.de

Kein Berg wird bestiegen, aber drei werden umrundet: Spielberg, Hoheberg und Hungerberg. Auf und ab geht es trotzdem, denn 360 Höhenmeter sind zu überwinden. Die Tour geht über weite Strecken durch den Wald, ist also insbesondere für den Hochsommer geeignet, aber wegen der schönen Farben natürlich auch im Herbst zu empfehlen.

Zum Schloss Der kleine Ort Ernsttal ist Ausgangspunkt unserer Wanderung. Der Parkplatz ist gut ausgeschildert und bei der übersichtlichen Anlage des Ortes nicht schwer zu finden. Erstes Ziel ist das Waldschloss Waldleiningen. Das Anfang des 19. Jahrhunderts vom Fürstenhaus Leiningen erbaute neugotische Schloss wurde bewusst im englischen Stil angelegt. Es mutet aus der Entfernung an wie eine kleinere Ausgabe von Harry Potters

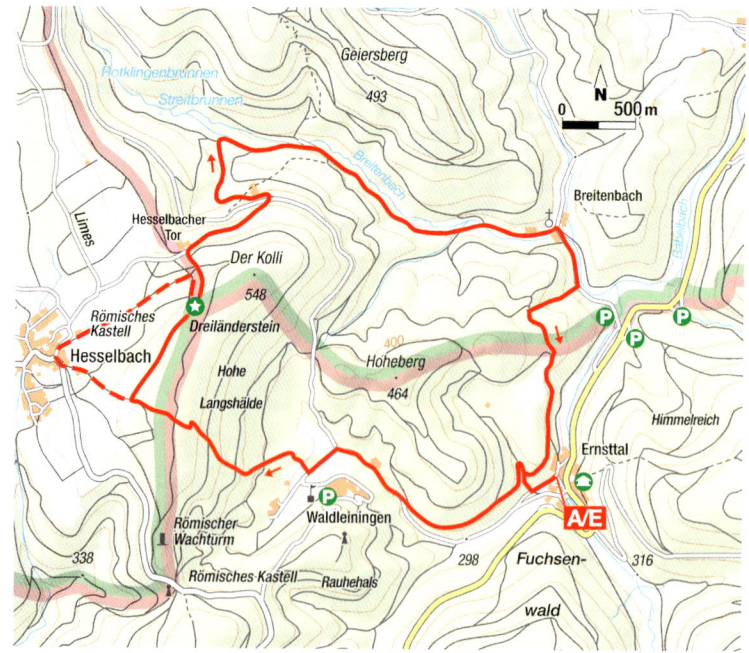

Waldschloss Leinigen, im neugotischen englischen Stil

> **Verlängern der Tour**
>
> Wenn Ihnen nach einer Tageswanderung ist, dann machen Sie den Umweg über Hesselbach, kehren zu Mittag dort in der Gastwirtschaft zum Grünen Baum ein und wandern von Hesselbach aus zum Dreiländerstein. Für diesen Umweg müssen sie etwa zwei Kilometer mehr wandern.

Internat Hogwarts. Untergebracht sind aber darin keine (Zauber-)Schüler, sondern Patienten. Es handelt sich um eine psychosomatische Privatklinik, die vom Fürstenhaus betrieben wird.

Zum Dreiländerstein Geradeaus weiter würden wir zum Ort Hesselbach gelangen, doch wir haben ein anderes Ziel: den Dreiländerstein, der direkt an dem Punkt liegt, an dem sich die Bundesländer Hessen, Baden-Württemberg und Bayern berühren. Wo wir hinter dem Waldschloss rechts abbiegen müssen, erkennen wir, ohne groß auf eine Karte oder den Navigator sehen zu müssen. Aber dann heißt es aufpassen. Wir müssen vom Weg ab links hoch in den Wald. Der schmale Pfad ist, wenn man nicht genau hinschaut, kaum zu erkennen, aber er ist da und wird, je weiter wir gehen, immer deutlicher. Schilder, die auf den Dreiländerstein weisen, tauchen auch bald auf und so können wir diesen nächsten Punkt ohne große Orientierungsprobleme bald erreichen. Ein Ausblick auf die drei Länder bleibt uns verwehrt, dafür ist rundherum zu viel Wald. Aber der prächtige Grenzstein mit den unterschiedlichen Markierungen ist doch eine kurze Rast und Begutachtung wert. Es gibt nicht viele Bänke auf dieser Wanderroute, sodass wir beizeiten nach einer anderen Möglichkeit für eine Rast und Brotzeit Ausschau halten.

Der Dreiländerstein markiert die Stelle, an der sich Bayern, Baden-Württemberg und Hessen berühren.

Zum alten Köhlerhaus Ein Zaun weist uns die Richtung. Ohne Weg in den dichten Wald zu gehen wäre ohnehin nicht ratsam gewesen. Wir halten uns vom Stein aus links und gehen zunächst am Zaun entlang, später ohne diesen weiter bergab, bis wir zum alten

Köhlerhaus und Hesselbacher Tor kommen. Dort biegen wir rechts ab und wandern weiter, bis wir das Dorf Breitenbach erreichen. Dorf ist vielleicht ein bisschen viel gesagt für die drei oder vier Familien, die dort zu wohnen scheinen. Aber eine alte Kapelle haben sie dort auch.

Rückweg nach Ernsttal   Rechtsherum geht es nun zurück nach Ernsttal. Und schon wieder muss man achtgeben. Dort, wo der Weg fast aus dem Wald heraus ist und rechter Hand eine Wiese liegt, müssen wir abbiegen. Tun wir das nicht, kommen wir auf die Straße, der wir natürlich auch nach Ernsttal folgen können. Sie ist nicht stark befahren, aber die Autos, die dann und wann vorbeibrausen, stören das Wandern doch. Deshalb lieber vorher abbiegen und zunächst am Wald entlang und dann wieder durch den Wald weitergehen. Das letzte Stück geht erneut am Waldrand entlang, bis Ernsttal erreicht ist. Dort können wir uns auf Tafeln ein wenig über diese kleine Gemeinde, die bis 1837 Neubrunn hieß, informieren. Zu Ehren des Erbprinzen Ernst zu Leiningen wurde sie 1837 in Ernsttal umbenannt.

Das alte Köhlerhaus beim Hesselbacher Tor

10 Wanderung zur Wildenburg
Auf Wolfram von Eschenbachs Spuren

mittel   9,6 km   310 Hm   2:30 Std.

Tourencharakter
Mittelschwere Wanderung, Trittsicherheit ist erforderlich. Gutes Schuhwerk und Wanderstöcke werden empfohlen.

Ausgangs-/Endpunkt
Kirchzell

GPS-Daten
49°37'07.3" N 9°10'46.8" O

Anfahrt
Bus: Linie 95 von Amorbach, Linie 96 von Amorbach oder Mudau
Auto: Von Amorbach über die St 2311

Karte
Fränkischer Odenwald: Odenwald Freizeitkarte 1:20000, Blatt 11, ISBN 978-3-947593-01-9

Information
Markt Kirchzell, Hauptstraße 19, 63931 Kirchzell, Tel. 09373/9743-0, www.kirchzell.de

Einkehr
Fratelli, Hauptstraße 81, 63931 Kirchzell, Tel. 09373/206841 1
Gaststätte zum grünen Baum, Dorfstraße 24, 63931 Kirchzell, Tel. 09373/1431

Von Markt Kirchzell geht es in den Odenwald hinauf und auf dem Rückweg zu jener Burgruine, die Wolfram von Eschenbach als Vorbild für die Gralsburg Munsalvaesche gedient haben soll.

Nach Preunschen Von Kirchzell aus gehen wir zunächst an Weiden und Wiesen vorbei, bis wir in den Wald kommen. Wir

Die Ruine der Wildenburg zeigt immer noch eine beeindruckende Anlage.

Wanderung zur Wildenburg

können uns streng an den Weg halten oder einem alten Hohlweg folgen, der uns aber einiges abverlangt. Der Weg ist etwa einen halben Kilometer länger. Oben auf dem Berg angekommen, treten wir aus dem Wald heraus und laufen zwischen Feldern die Höhe entlang, bis es nach Preunschen ein Stück hinuntergeht.

Zur Wildenburg Vor Preunschen geht es links ab und nach gut einem halben Kilometer wieder in den Wald. Nun ist es nicht mehr weit bis zur Wildenburg.

Rastplätze

Auf der Höhe zwischen den Feldern, vielleicht gegenüber dem kleinen Bildstock, eine kleine Rast zu machen, ist keine schlechte Idee. Aber halten Sie Ihre Brotzeit noch ein bisschen zurück. Später, in der Wildenburg, ist viel besser zu rasten, ganz gleich, ob man sich an einen der bereitstehenden Holztische oder auf geschichtsträchtige Mauern setzt.

Auf dem Weg zur Burg passiert man einige mächtige Felsen.

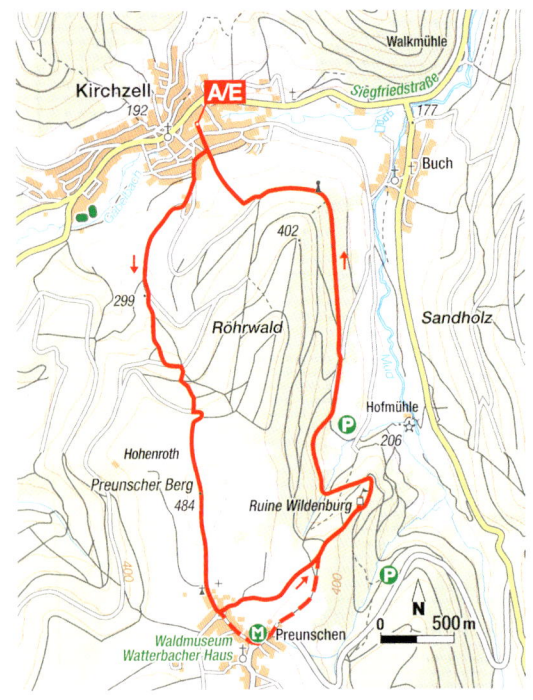

Schilder weisen darauf hin. Außerdem sind schon vorher mächtige Felsformationen zu sehen und vereinzelt auch Baureste. Noch bevor wir aus dem Wald treten, sehen wir die Ruine stolz zwischen den Bäumen hervortreten.

In den Ruinen   Vor der Burg ist inzwischen ein Holzgerüst aufgebaut, das zum Rasten einlädt und einige Informationen bereithält. Wenn Kinder mit auf Tour sind, geht kein Weg an dieser »Burg« vorbei. Wir überlassen aber diese neue Burg den Besuchern, die sich an sonnigen Tagen und vor allem am Wochenende dort einfinden, und gehen weiter zur Burg hinauf. Dort gibt es ebenfalls Informationen über die mächtigen Mauerreste. Wer nicht nur schnell vorübereilt und sich Zeit nimmt, findet offen

Blick auf Kirchzell, Ausgangs- und Endpunkt der Wanderung

und auch an versteckten Stellen Markierungen in den Steinen, die noch aus der Zeit stammen, als die Burg bewohnt war, neben solchen, die erst später angebracht wurden. Aus den Ruinen heraus haben wir zudem einen wunderbaren Ausblick auf den umliegenden Odenwald.

Zurück nach Kirchzell Treten wir aus der Burg heraus, wenden wir uns nach links (die Holzburg im Rücken) und machen uns an den Abstieg. Er führt fast durchgehend durch den Wald oder am Waldrand vorbei und zuletzt, wie auf dem Hinweg, über Wiesen und an Weideflächen vorbei. Wir stellen uns vor, dass Wolfram von Eschenbach vor 800 Jahren diesen Weg hinunter in den Ort ging, um sich von da nach Miltenberg und zum Main hin zu orientieren. Ein Stück den Main aufwärts liegt Wertheim, wo er bei den Grafen im Dienste stand.

Watterbacher Haus

Wenn wir ein bisschen mehr Zeit und ausreichend Kondition haben, gehen wir zunächst nach Preunschen hinein und biegen im Ort ab zum Watterbacher Haus, dem ältesten Haus im Odenwald. Außerdem ist in ihm ein Waldmuseum eingerichtet. Von diesem Museum können wir direkt weiter zur Burg Wildenburg gehen, wir müssen nicht zurück.

Linke Seite: Rundbogenfenster und Handwerkerzeichen zieren die alten Mauern.

11 Wildpark Brudergrund

Von den Hirschen zu den Pferden

leicht | 8 km | 80 Hm | 2:15 Std.

Tourencharakter
Leichte Wanderung, auch als Familienwanderung mit Kindern möglich

Ausgangs-/Endpunkt
Parkplatz beim Wildpark

GPS-Daten
49°39'20.4" N 8°58'26.2" O

Anfahrt
Bus: Linie 46 von Erbach oder Mossautal
Auto: Von Erbach über die Mossauer Straße

Karte
Mittlerer Odenwald:
Odenwald Freizeitkarte
1:20 000, Blatt 6,
ISBN 978-3-947593-17-0

Information
Magistrat der Kreisstadt Erbach, Neckarstraße 3, 64711 Erbach im Odenwald, Tel. 06062/64-0

Einkehr
Slide In Café im Gestüt Roßbacher Hof, immer geöffnet (wenn die Tür des Cafés zu ist, auf dem Hof melden oder klingeln), maschalani@freestyleranch.de

Keine anstrengende Wanderung, eher ein längerer Spaziergang erwartet uns am Wildpark Brudergrund. Dafür können aber auch schon kleine Kinder mitlaufen oder zeitweise im Wagen geschoben werden.

Zu den Tiergehegen Ursprünglich war das Gelände ein herrschaftlicher Wildpark derer zu Erbach. 1956 erklärte es der Graf zum Erholungsgebiet. Zunächst blieb es aber ein einfaches Hirschgehege, bevor es endgültig zum Wildpark ausgebaut wurde.
Vom Parkplatz aus gehen wir direkt hinunter zum Tierpark. Da gibt es für die Kinder schon mal einiges zu sehen. Rotwild, Damwild und Mufflons sind im Gehege vertreten und nicht selten aus kurzer Distanz zu beobachten. Entlang des Geheges führt ein Weg, der vom Wald überschattet, also auch an heißen Sommertagen gut zu gehen ist.

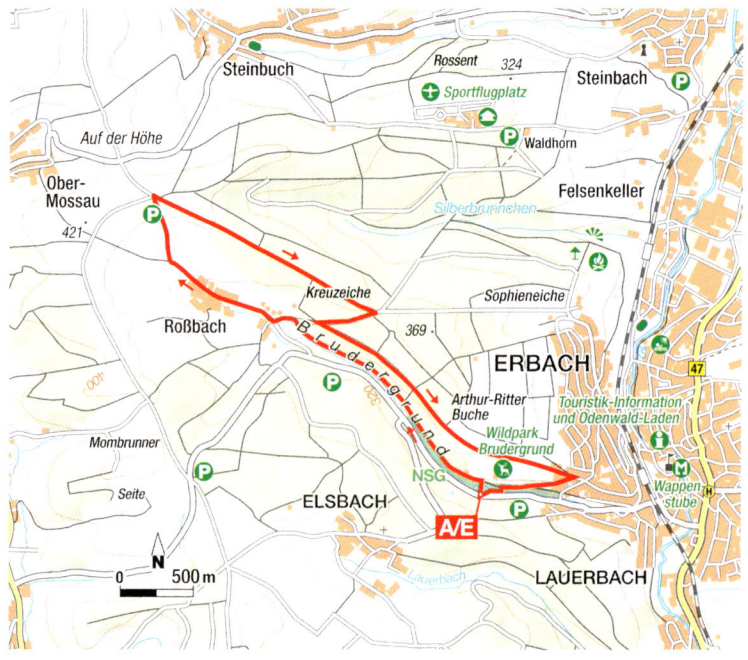

Rechte Seite: Nicht nur Mufflons und Damwild sind im Wildpark zu bewundern.

Durch den Wald nach Roßbach   Ganz am Ende des Waldes führt die »Sommerseite« auf die Straße Zum Roßbacher Hof, wo wir uns rechts wenden. Natürlich kann der Rückweg auch auf der anderen Seite des Geheges genommen werden, wenn wir nicht zu weit gehen wollen. Eine hölzerne Brücke führt schon zweihundert Meter vor dem Ende des Waldes hinüber. Allerdings ist dieser schmale Pfad nicht mehr für Kinderwagen tauglich. Interessanter ist es, weiter zum Roßbacher Hof zu gehen. Dort lockt nicht nur ein kleines, nettes Café zu einer Rast, sondern auch der Pferdehof, der gerne zur Besichtigung freigegeben wird. Nachfragen sollte man aber, bevor man auf den Hof spaziert.

Zurück zum Wildpark   Hinter dem Hof geht es schräg rechts ab bis zum Wanderparkplatz Mossauer Höhe und dort scharf rechts zurück. Die erste Wegkreuzung im Wald nach etwa einem Kilometer wieder rechts abbiegen und dann die nächste Möglichkeit, links abzubiegen, nehmen. Der Weg führt nun oberhalb des Wildparkes zurück bis fast nach Erbach. Wir können aber auch den Weg nehmen, den wir gekommen sind. Den Kindern wird das vermutlich besser gefallen.

Schloss- und Museumsbesichtigung

Ist der Tag noch nicht ganz verbraucht, lohnt ein abschließender Besuch im Schloss Erbach, in dem auch das Deutsche Elfenbeinmuseum untergebracht ist.

12 Marbach-Stausee

Rund um die größte Wasserfläche des Odenwaldes

leicht   3,6 km   70 Hm   1:15 Std.

Tourencharakter
Leichte Wanderung, auch als Familienwanderung mit Kindern und Jugendlichen möglich

Ausgangs-/Endpunkt
Parkplatz an der B 460 vor dem Stausee. Es gibt einen zweiten an der B 460 direkt gegenüber dem See, der weniger geeignet ist. Ein alternativer Parkplatz liegt direkt an der Südseite des Sees.

GPS-Daten
49°36'34.3" N 8°58'45.5" O

Anfahrt
Bus: Linie 46 von Erbach oder Mossautal
Auto: Von Erbach über die B 45 und B 460

Karte
Mittlerer Odenwald:
Odenwald Freizeitkarte
1:20000, Blatt 6,
ISBN 978-3-947593-17-0

Information
Rathaus Mossautal,
Tel. 06062/91990,
www.mossautal-odenwald.de

Einkehr
Cafe Marbachtal, Mossauer Straße 8, 64756 Mossautal,
Tel. 06062/1544,
www.cafe-marbachtal.de

Der kleine Marbach-Stausee in Mossautal lohnt einen Wanderausflug, insbesondere wenn man Jugendliche im Gepäck hat. Die können nämlich gut an der Liegewiese zurückgelassen werden.

Rastplatz oder Startpunkt
Der kleine Stausee ist das größte Stillgewässer des Odenwaldes. Es lässt sich leicht in knapp einer Stunde umrunden. Wer will, kann auf der nördlichen Seite einen Umweg machen, der außerdem etwas höher führt und damit die Bequemlichkeit ein bisschen einschränkt. Schwierig wird es aber nirgends. Ohne Kinder und Jugendliche im Gepäck können wir aber den Stausee auch als Ausgangspunkt für längere Wanderungen nutzen. Die Auszeichnung der unterschiedlichen Wanderwege ist gut.

An der Südseite des Sees Es gibt drei Parkplätze, zwei an der B 460 und einen direkt am See. Für diese Tour parken wir auf dem Platz an der B 460 noch vor dem See. Über die Staumauer wechseln wir zur Südseite des Sees, wenden uns rechts und wandern am See entlang. Zunächst führt der Weg durch den

Wald und schließlich, nachdem etwa die Mitte erreicht ist, zu einer Liegewiese. Baden ist hier erlaubt. Wer Boot fahren oder surfen möchte, muss sich auf das erste Drittel des Sees – direkt an der Staumauer – beschränken.

Der kleine Stausee liegt verträumt zwischen den Odenwälder Bergen.

Linke Seite: Auf farngesäumten Wegen geht es hinauf in den Wald.

Zurück zum Parkplatz   Das Ende des Sees ist Vogelschutzgebiet. An stillen Tagen, mit wenig Betrieb am See, können Vogelliebhaber hier manche interessante Beobachtung machen. Aber auch für Liebhaber der Flora gibt es einiges zu sehen. Der rote Fingerhut beispielsweise war 2020 fast inflationär verbreitet. Wir biegen rechts ab, überqueren die Straße und gehen auf der anderen Seite durch den Wald zurück. Es gibt dafür eine kürzere sowie eine längere und steilere Variante. In beiden Fällen gehen wir am Ende des Weges scharf rechts zum Parkplatz zurück.

Sommerfestival

Im August findet in Seenähe das beliebte und immer gut besuchte Festival »Sound of the Forest« statt (sound-of-the-forest.de).

13 Michelstadtrunde
Vom Fürstenschloss zur Einhardbasilika

mittel | 7 km | 120 Hm | 1:45 Std.

Tourencharakter
Mittelschwere Wanderung, auch mit älteren Kindern und Jugendlichen möglich

Ausgangs-/Endpunkt
Parkplatz in Steinbach an der Einhardstraße gegenüber der Einhardbasilika

GPS-Daten
49°41'15.5"N 8°59'51.5"O

Anfahrt
Bus: Linien 3, 4 und 45 von Michelstadt
Bahn: Mit der Odenwaldbahn Eberbach–Frankfurt
Auto: Michelstadt ist über die B 45 und die B 47 zu erreichen, Steinbach von Michelstadt über die B 47.

Karte
Mittlerer Odenwald: Odenwald Freizeitkarte 1:20 000, Blatt 6, ISBN 978-3-947593-17-0

Information
Gästeinformation Michelstadt, Marktplatz 1, 64720 Michelstadt, Tel. 06061/74610, www.michelstadt.de

Einkehr
Gaststätte Zur Gerste mit Biergarten, Schloßstraße 2, 64720 Michelbach, Tel. 06061/9797313, www.zur-gerste.de
Nicks Biergarten, Schloßstraße 38, 64720 Michelstadt, Tel. 06061/5585

Genau genommen liegen Schloss und Basilika einander gegenüber, doch wir beginnen die Tour, indem wir am Schloss vorbeigehen und erst zum Schluss der Wanderung in die Basilika schauen.

Am Schloss vorbei Michelstadt ist die größte Stadt des südhessischen Odenwaldkreises und hat eine sehenswerte Altstadt. Doch diese berühren wir bei unserer Wanderung nicht. Wir fahren zum nahen Ortsteil Steinbach, parken in der Nähe des Schlosses und beginnen unsere Rundwanderung, indem wir die gegenüberliegende Einhardbasilika zunächst ignorieren – sie könnte uns zu lange von der Wanderung abhalten.

Das Fürstenauer Schloss ist bewohnt und deshalb nicht zu besichtigen. Wir schauen vorsichtig einmal in den Schlosshof, fotografieren aber nichts und wandern dann ein kleines Stück durch den Schlosspark Richtung Asselbrunn. Wir folgen dabei dem Bach Mümling und ignorieren die jenseits des Baches liegende Industrie, die wir aber bald schon hinter uns lassen. Nach etwa einem Kilometer kommen wir an einen kleinen Teich, in dem sich Nutrias niedergelassen haben. Diese zutraulichen Nagetiere mit den orangenen Vorderzähnen haben keine Scheu und lassen sich auch ganz aus der Nähe betrachten. Sie sind Vegetarier und ungefährlich. Trotzdem sollte man sie, wie alle Wildtiere, möglichst nicht anfassen.

Durch den Wald zurück nach Steinbach Etwa einen halben Kilometer hinter dem See biegen wir scharf links ab, folgen dem Weg bis zum Ende, danach scharf rechts in den Wald und bei nächster Gelegenheit wieder links.

Doch keine Sorge, wenn Sie, wie es uns passiert ist, im Gespräch diese Abzweigung verpassen, dann führt die nächste auch in die richtige Richtung und ist kaum einen Kilometer länger. Seit dem kleinen Teich sind wir beständig durch den Wald gegangen. Im Sommer genießen wir den kühlen Schatten, im Herbst bewundern wir die Farbenfreude der Natur. Nun verlassen wir den Wald, nachdem wir zweimal links abgebogen sind. Über eine Hochfläche kehren wir nach Steinbach zurück.

Altstadtbesichtigung

Möchten Sie die Altstadt von Michelstadt nicht auslassen, so können Sie auch von dort zu Fuß nach Steinbach gehen. Das sind etwa 1,2 Kilometer vom Rathaus, die Hälfte vom Bahnhof Michelstadt aus gerechnet.

Einhardbasilika Zum Abschluss noch einen Blick in die Einhardbasilika zu werfen ist keine schlechte Idee. Sie ist noch relativ gut erhalten, stammt aus dem 9. Jahrhundert und ist eines

Auf dem Rückweg hat man einen Blick auf das Fürstenauer Schloss von oben.

der wenigen Beispiele karolingischer Baukunst in Deutschland. Einhard, der Ratgeber Karls des Großen, erhielt als Dank für seine Dienste im Jahr 815 die Mark Michelstadt zum Geschenk. Den Bau der Basilika begann er im Jahr 824. Fertiggestellt wurde sie 827. Nach Einhards Tod im Jahr 840 fiel Michelstadt nach seiner Verfügung an Kloster Lorsch. In den folgenden Jahrhunderten wurden manche Umbauten vorgenommen, unter anderem eine romanische Dachkonstruktion. Die Basilika war Nonnenkloster (bis 1535) und Spital (bis 1622) und an das Fürstenhaus der Grafen zu Erbach-Fürstenau verkauft. Viele Gebäude fielen dem Abriss zum Opfer, die Basilika selbst diente lange als Holzlager, bis sie im 19. Jahrhundert wiederentdeckt wurde. 1967 kaufte das Land Hessen die Reste des Klosters, baute die Außenmauern der Seitenschiffe wieder auf, restaurierte das Dach und öffnete sie als Museum. Sehenswert sind die vielen Grabdenkmäler in und an der Basilika.

Der kleine Teich, der die Mümling aufstaut, ist Heimat für einige Nutriafamilien.

Die alte Basilika ist der Rest einer Abtei Einhards, des Ratgebers Karls des Großen.

Reste eines alten Römerkastells, von denen es einige im Odenwald gibt

14 Rund um Würzberg
Vom Römerkastell zur Räuberhöhle

mittel · 14 km · 210 Hm · 3:15 Std.

Tourencharakter
Mittelschwere Wanderung. Gutes Schuhwerk und Wanderstöcke sind zu empfehlen.

Ausgangs-/Endpunkt
Parkplatz am Rand von Würzberg, Hesselbacher Straße

GPS-Daten
49°39'12.3"N 9°03'55.9"O

Anfahrt
Bus: Von Erbach/Michelstadt Bhf. mit dem RMV (Rhein-Main-Verkehrsverbund). Ausstieg Würzberg Sportplatz (das ist beim Parkplatz, der als Ausgangspunkt der Wanderung gilt)
Auto: Von Michelstadt über die B 47, dann über Ernsbach, von Amorbach über die B 47 und Mangelsbach

Karte
Mittlerer Odenwald: Odenwald Freizeitkarte 1:20 000, Blatt 6, ISBN 978-3-947593-17-0

Information
Gästeinformation Michelstadt, Marktplatz 1, 64720 Michelstadt, Tel. 06061/74610, www.michelstadt.de

Einkehr
Odenwälder Cafestube, Zum Römerbad 2, 64720 Michelstadt, Tel. 06061/3506, odenwaeldercafestube.page4.com

Würzberg ist der höchstgelegene Stadtteil von Michelstadt. Das ist zwar gut, weil wir die 509 Meter zunächst nicht hinauflaufen müssen. Es geht für diese Runde, die uns zu den Römern und den Räubern führt, trotzdem ganz schön auf und ab.

Zum Römerbad Dass wir auf dieser Rundwanderung beeindruckende Reste einer römischen Therme bewundern können, liegt daran, dass ehemals auf dem Würzberger Höhenzug der Limes verlief. Von Würzberg aus gesehen lag zwei Kilometer nördlich bei Eulbach und zwei Kilometer südlich jeweils ein

Die Grundmauern einer alten römischen Therme ...

Kastell, in dem römische Legionen stationiert waren. Zur Entspannung und Körperpflege dienten damals Thermen. Die Anlage des südlichen Kastells ist das erste Ziel auf unserer Rundwanderung. Etwa auf halber Strecke weist ein Schild auf einen Römerturm hin. Wir folgen diesem Schild etwa 100 Meter, um vor diesen Resten zu stehen. Dann müssen wir zurück auf den Weg, den wir bisher gegangen sind.

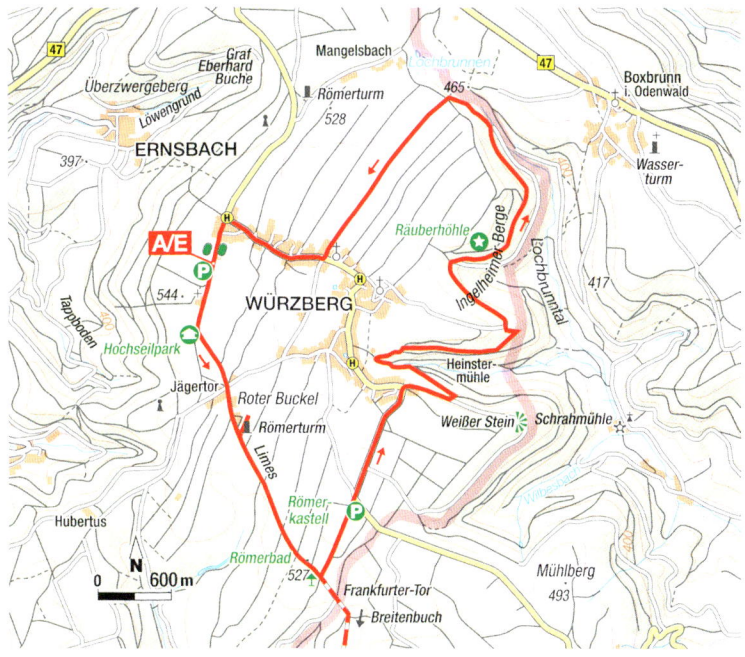

... sind noch bestens erhalten.

Auf den Hochflächen des Odenwaldes muss man nicht nur durch Wald wandern.

Unten und rechte Seite: Felsen begegnet man im Odenwald auf Schritt und Tritt.

Zwischen Kastell- und Thermenresten

Auf den ersten Blick beeindruckt der Grundriss der Therme, denn gegenüber anderen römischen Mauerresten nimmt sie sich doch schon beachtlich aus. Tatsächlich gehört die 26 Meter lange Anlage zu den kleineren Thermen am Limes. Wir erfahren das und viele weitere Fakten aus einer der informativen Tafeln, die rund um die Kastell- und Thermenreste stehen. Nach dem Lesen können wir uns die ehemalige Anlage gut vorstellen und wir bekommen ein klares Bild davon, wie es zu Zeiten der Römer hier ausgesehen hat. Unsere Fantasie ist immer bereit, sich neuen Informationen anzupassen.

Durch den Wald zur Räuberhöhle

Gut zweihundert Meter nach dem Kastell biegen wir links ab. Es geht wieder auf Würzberg zu, doch nicht ganz. Wir folgen der Straße ein gutes Stück, biegen mit ihr nach rechts ab, um kurz darauf auf einen Weg zu wechseln, der uns wieder in den Wald bringt und in einem

weiten Bogen um Würzberg herumführt. Dabei kommen wir auch an der schon erwähnten Räuberhöhle vorbei, die aber wenig eindrucksvoll ist und nur aus der Ferne betrachtet wird. Zwar könnten wir in den Wald hochsteigen, doch lockt uns der Felsen wenig.

Zurück nach Würzberg Von Norden kommen wir wieder auf Würzberg zu, wenn wir den Wald verlassen. Dabei müssen wir allerdings hoch hinauf und merken jetzt, wie hoch Würzberg liegt. Dass wir zuletzt beständig bergab gegangen sind, wird uns auf dieser letzten Strecke erst bewusst. Im Ort folgen wir der Hauptstraße rechts, wenn wir nicht zuerst die Odenwälder Cafestube aufsuchen wollen. Dann müssen wir links abbiegen. In diesem Fall ist es danach sinnvoller, nicht der Hauptstraße weiterzufolgen, sondern die Straße Am Trieb zu nehmen. Sie führt auf die Hesselbacher Straße, der wir rechts bis zum Parkplatz folgen.

Verlängern der Tour

Wem die 14 Kilometer dieser Wanderung noch zu wenig sind, der findet wie fast überall im Odenwald Schilder, die zu weiteren Wanderungen einladen. Auf diese Weise können Sie auch die Grenze zu Bayern überschreiten, beispielsweise nach Breitenbuch wandern und von dort nach Würzberg zurückkehren. Gute Kondition vorausgesetzt.

15 Zur Gotthardsruine
Rundweg um Amorbach

mittel | 8,6 km | 170 Hm | 2:00 Std.

Tourencharakter
Mittelschwere Wanderung. Gutes Schuhwerk, Trittsicherheit und Wanderstöcke sind zu empfehlen.

Ausgangs-/Endpunkt
Bahnhof Weilbach (Unterfranken)

GPS-Daten
49°40'07.9" N 9°12'48.0" O

Anfahrt
Bus: Von Amorbach mit der Linie 84 und 94
Bahn: Über die Madonnenlandbahn Seckach-Miltenberg
Auto: Von Miltenberg oder Amorbach über die B 469 bis Weilbach

Karte
Maintal-Odenwald: Odenwald Freizeitkarte 1:20000, Blatt 7, ISBN 978-3-947593-00-2

Information
Informationszentrum Bayerischer Odenwald, Schloßplatz 1, 63916 Amorbach, www.bayerischer-odenwald.de

Einkehr
Erlebnisbahnhof Gleis 1, Am Bahnhof 1, 63916 Amorbach, Tel. 09373/206 42 67, www.gleis1-amorbach.de
Café Bilz, Löhrstraße 22, 693916 Amorbach, Tel. 09373/2068 88, www.cafebilz.de

Von der Gotthardsruine hat man einen wunderbaren Blick auf Amorbach und den umliegenden Odenwald. Aber man muss auch erst einmal hinauf.

Hinauf zum Gotthardsberg Vom Bahnhof in Weilbach gehen wir los. Der Berg mit der Ruine ist schon aus der Ferne gut zu erkennen, sodass es einen Wegweiser fast nicht braucht. Der Weg führt zunächst leicht hinan durch Felder und Wiesen. Kaum im Wald, knickt der Weg scharf nach rechts ab und es sieht so aus, als wolle er uns um die Ruine herumführen. Doch diese Wegführung erleichtert uns den steilen Anstieg nur. In dem Moment, wo wir wieder aus dem Wald heraustreten, sehen wir die Ruine über uns aus dem Wald ragen. Es sind nur noch wenige Schritte hinauf – aber auch die müssen gegangen werden.

Die Gotthardruine macht auf den ersten Blick noch einen ziemlich vollständigen Eindruck.

Zwischen Mauerresten Die 30 Meter lange Kirchenruine sieht auf den ersten Blick gar nicht so beeindruckend aus. Erst wenn man im leeren Kirchenschiff steht, erkennt man ihre Dimension.

Der Blick von der Gotthardsruine auf Amorbach ist atemberaubend.

Im 8. Jahrhundert soll an diesem Ort bereits eine Burg gestanden haben. Im 12. Jahrhundert wurde innerhalb der Burg eine der Hl. Godehard von Hildesheim geweihte Kapelle errichtet, woher der Name Gotthardsberg stammen soll. Da Raubritter auf ihr lebten, ließ Kaiser Friedrich der I. (Barbarossa) die Burg zerstören und ein Nonnenkloster errichten. Im Bauernkrieg wurde es niedergebrannt, im 17. Jahrhundert die Kirche wiederaufgebaut. Nach einem Blitzschlag im Jahr 1714 blieb sie Ruine. Es

Das leere Kirchenschiff der Gotthardsruine

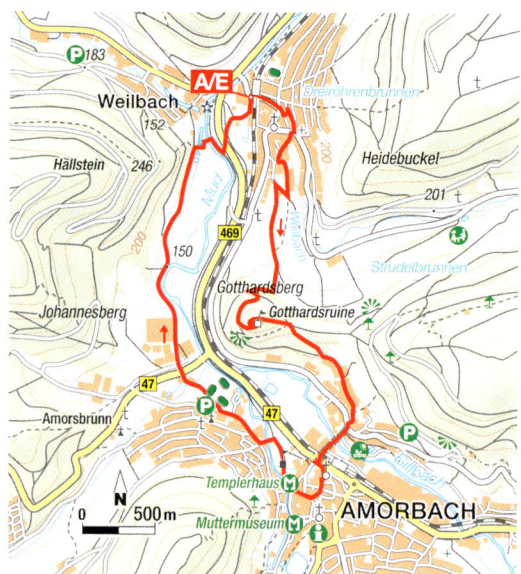

Eine Bank mitten auf dem Weg lädt zu einer Pause ein.

lohnt sich, die enge Wendeltreppe des Turmes hinaufzusteigen. Der Ausblick von oben ist beeindruckend.

Hinunter nach Amorbach Anschließend geht es weiter Richtung Amorbach und von nun an auch nur noch bergab. Bevor in

Udo Lindenbergs »Sonderzug nach Pankow« hat seine letzte Ruhestätte auf dem Bahnhof von Amorbach gefunden.

Amorbach die B 47 unterquert wird, lohnt es sich, ein Stückchen weiterzugehen und am Bahnhof auf die Gleise zu schauen. Dort steht nämlich der »Sonderzug nach Pankow«, eine von Udo Lindenberg bemalte Lokomotive.

Nach der Unterquerung der B 47 gehen wir hinter der Kirche St. Gangolf und am Fürstlich-Leiningenschen Palais vorbei, biegen rechts in die Löhrstraße ab und kommen vor der Steinernen Brücke auf den Bädersweg, dem wir bis zum Templerhaus folgen. Dieses mittelalterliche Gebäude, das aussieht, als hätte man ein Haus auf einen Podest gesetzt, ist durchaus einen Blick wert.

Hinaus aus der Stadt Wir folgen dann dem Hundsgäßchen aus Amorbach heraus, bis ein schmaler Weg links abzweigt. Diesen nehmen wir und biegen anschließend in die Boxbrunner Straße ein, bis am Sportheim ein schmaler Weg rechts abführt. Diesen gehen wir bis zur B 47, die wir leider überqueren müssen – eine unangenehme Sache für alle Wanderer und Fußgänger. Rechter Hand liegt eine Marzipanfabrik, deren Werksverkauf durchaus ein wenig von der Wanderung ablenken könnte.

Zurück nach Weilbach Wir lassen das Logistikzentrum linker Hand hinter uns und folgen dem Weg nun durch Wiesen und Felder bis Weilbach. Hinter der Unterquerung der Bundesstraße biegen wir zunächst rechts und danach gleich wieder links ab, dann gehen wir noch einmal links und die Straße führt uns zurück zum Weilbacher Bahnhof.

Amorbach

Bei dieser Wandertour haben wir die Altstadt von Amorbach ganz außen vorgelassen. Haben Sie Zeit, sollten Sie hier jedoch etwas verweilen. Ein Besuch der Abtei lohnt auf jeden Fall, und wer dann noch nicht genug hat, kann auch noch einen Blick in das Muttermuseum werfen, in dem es neben einer Sammlung von Teekannen auch moderne Kunst von Chagall bis Christo zu bestaunen gibt.

Die Pfarrkirche St. Gangolf

16 Von Schneeberg aus durch den Odenwald

Auf Nibelungenpfaden durch das Morretal

mittel | 8,6 km | 180 Hm | 2:00 Std.

Tourencharakter
Mittelschwere Wanderung. Gutes Schuhwerk, Trittsicherheit und Wanderstöcke sind zu empfehlen.

Ausgangs-/Endpunkt
Friedhof Schneeberg

GPS-Daten
49°38'14.5" N 9°14'50.7" O

Anfahrt
Bus: Von Amorbach über die Linie 99
Bahn: Über die Madonnenlandbahn, die über Seckach nach Miltenberg führt, ist Schneeberg zu erreichen.
Auto: Von Michelstadt oder Walldürn über die B 47

Karte
Maintal-Odenwald: Odenwald Freizeitkarte 1:20 000, Blatt 7, ISBN 978-3-947593-00-2

Information
Informationszentrum Bayerischer Odenwald, Schloßplatz 1, 63916 Amorbach, www.bayerischer-odenwald.de

Einkehr
Hellas, Urbanusweg 19, 63936 Schneeberg, Tel. 09373/4336, hellas-schneeberg.de
Carpe Diem, Amorbacher Straße 4, 63936 Schneeberg, Tel. 09373/200 99 51

Diese Rundwanderung zeigt den Odenwald in seiner ganzen Vielfalt. Es geht über steinige Höhen, durch Wiesen und Felder und ein Stück weit wandert man dabei auf den Spuren der Nibelungen.

Hinein in den Odenwald Unsere Wanderung beginnt am Friedhof von Schneeberg. Wenn wir dort nicht parken möchten, weil kein öffentlicher Parkplatz vorhanden ist, dann können wir an der B 47 (hinter der Kirche, wenn wir aus der Richtung von Walldürn kommen) das Auto abstellen und zum Friedhof hochlaufen. Der Beginn des Wanderweges ist nur bei sehr genauem Hinsehen zu erkennen, und wenn nicht, dann gehen wir doch in der Abzweigung zur Straße In der Steige einfach auf der linken Seite hoch. Schon bald ist der Weg deutlicher zu erkennen. Der gelegentliche Blick zurück auf das immer kleiner werdende Schneeberg lohnt spätestens, wenn es in den Wald geht. Vorher verzweigt sich der Weg, wir halten uns links.

Zur Karre-Franz-Höhle Es geht etwas steil bergan, weshalb eine Verschnaufpause an der Hütte angebracht ist. Es stehen auch ausreichend Tische und Bänke dafür bereit. Wir wandern anschließend an der Hütte vorbei und halten uns bei Weggabelungen immer links. So gehen wir weiter bergauf bis zur Straße. Dieser folgen wir etwa 150 Meter, bis rechts wieder ein Waldweg abwärtsführt. Da zeigt sich nun, was gute Schuhe und Wanderstöcke wert sind. Der Odenwald ist auf diesem Weg schon so steinig, dass Trittsicherheit unbedingt erforderlich ist. Dass wir auf dem richtigen Weg sind, zeigen uns die Schilder zur Karre-Franz-Höhle. Dort soll sich der Karre Franz, mit richtigem Namen Michael Schmitt, ein Köhler mit Wilderer-Ambitionen, zeitweise versteckt haben. Trickreich entzog er sich lange der Polizei, wurde aber letztendlich doch geschnappt und kam für 17 Jahre ins Gefängnis. Danach wurde er solide und heiratete. Die Höhle liegt nicht direkt am Weg, man muss etwas hinaufsteigen zu den Felsen.

Ins Morretal Von der Karre-Franz-Höhle ist es nicht mehr weit nach unten ins Morretal. Wir kommen an Viehställen vorbei und

Die Karre-Franz-Höhle beherbergte den letzten Wilderer des Odenwaldes.

Linke Seite: Eine erste Verschnaufpause an der Hütte nach dem Anstieg ist angesagt.

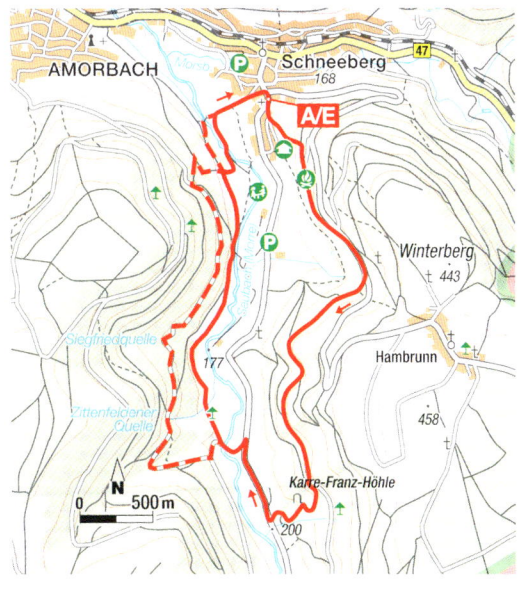

landen auf der Zittenfeldener Straße, der wir nach rechts ein Stückchen folgen. Bei der ersten Gelegenheit biegen wir in den Weg ein, der scharf nach links abzweigt, folgen diesem, bis wir den Bach Morre über einer Brücke gequert haben, und halten uns dann rechts, auch wenn zunächst nichts nach einem Weg aussieht. Einfach am Wald entlang und dann über eine Wiese, bis wir wieder in ein kleines Wäldchen kommen.

Auf Nibelungenspuren zurück nach Schneeberg Mehrere Tafeln geben uns nun Hinweise zu den Nibelungen. Außerdem sehen wir an den Wegmarkierungen, dass wir ein Teilstück des Nibelungensteiges gehen. Übrigens: Auch die B47, die durch Schneeberg führt, wird Nibelungenstraße genannt. Wenn wir nicht sowieso schon gut Bescheid wissen, erfahren wir vieles über das alte mittelalterliche Heldenepos. Knickt ein Weg im rechten Winkel ab, so nehmen wir diesen und kommen so wieder auf die Zittenfeldener Straße, der wir zurück nach Schneeberg folgen.

Siegfriedquelle

Folgen wir stattdessen dem Weg nach der Brücke weiter und biegen nach gut zweihundert Metern rechts ab, so kommen wir über diesen Weg zur Zittenfeldener Quelle, die auch Siegfriedquelle genannt wird. Es ist eine der vielen Quellen im Odenwald, für die der Anspruch erhoben wird, Ort des Mordes an Siegfried dem Drachentöter durch Hagen von Tronje gewesen zu sein. Direkt hinter der Quelle müssen wir uns links halten. So kommen wir dann am Ende auf den beschriebenen Weg zurück. Für diesen Umweg müssen wir etwa zwei Kilometer zur Tour hinzurechnen.

Linke Seite: Steinig ist vor allem die erste Hälfte des Weges dieser Wanderung.

Blick auf Schneeberg vom Ausgangspunkt der Wanderung aus

17 Rundwanderung bei Miltenberg

Vom Main hinauf in den Odenwald

mittel | 9 km | 300 Hm | 2:45 Std.

Miltenberg ist eigentlich zu schön, um daraus wegzugehen, doch die Rundwanderung oberhalb der Stadt durch den Odenwald führt ja wieder zur Stadt zurück, sodass das Bedauern kleingehalten werden kann.

Tourencharakter
Mittelschwere Wanderung. Gutes Schuhwerk, Trittsicherheit und Wanderstöcke sind zu empfehlen.

Ausgangs-/Endpunkt
Miltenberg, Parkplatz am Main

GPS-Daten
49°42'01.3"N 9°15'11.0"O

Anfahrt
Bahn: Über die Strecke Aschaffenburg Miltenberg, Miltenberg Wertheim, Seckach Miltenberg. Der Bahnhof liegt allerdings auf der nördlichen Mainseite.
Auto: Über die B 469 von Aschaffenburg oder Amorbach

Karte
Maintal-Odenwald: Odenwald Freizeitkarte 1:20 000, Blatt 7, ISBN 978-3-947593-00-2

Information
Tourismusgemeinschaft DREI AM MAIN, Hauptstraße 69, 63897 Miltenberg, Tel. 09371/404119, www.miltenberg.info

Einkehr
Zum Riesen (ältestes Gasthaus Deutschlands), Hauptstraße 97, 63897 Miltenberg, Tel. 09371/2582, www.hotel-riesen-miltenberg.de
Piazza Solona, Mainstraße 50, 63897 Miltenberg, Tel. 09371/669 49 66, piazza-solona.de

Hinaus aus der Stadt Der Marktplatz mit dem Brunnen war schon für den Beginn des Filmes »Das Wirtshaus im Spessart« mit Liselotte Pulver gut, sodass wir diesen ebenfalls als Ausgangspunkt für unsere Wanderung nehmen. Wir gehen am Museum vorbei und verlassen die Stadt durch das steinerne Tor, das uns wie ein Nadelöhr dünkt. Immerhin – es passen nicht nur Schlanke hindurch.

Zum Ottostein Dort, wo es bei unserer Wandertour scharf links abgeht, können wir auch weiter geradeaus gehen und so ein kleines Felsenmeer erleben. Wir müssen hinter den Felsen am Ottostein nach links abbiegen und dem nächsten Weg rechts folgen. Wo er auf einen weiteren Weg stößt, gehen wir scharf rechts, dann sind wir wieder auf der beschriebenen Route. Unterwegs begegnen uns einige interessante hölzerne Objekte, bei oder auf denen es sich gut etwas rasten lässt.

Durch den Wald nach Miltenberg

Die Wanderung führt überwiegend durch den Wald und bietet sich deshalb für heiße Sommertage an. Im Schatten der Bäume geht es sich angenehm, auch wenn außerhalb die heiße und schwüle Luft alles lähmt. Ganz zum Schluss, wenn die Runde fast beendet ist, kann man durch die Bäume schon den Main sehen. Nun müssen wir achtgeben. Wo das Schild »Bismarckweg – Schwierige Wegverhältnisse« steht, da müssen wir uns nach links wenden und hinabgehen. Es stimmt, der Weg ist nicht ganz einfach, aber durchaus zu schaffen. Wir haben ja unsere Stöcke und an manchen Stellen sind sogar Geländer angebracht. Unten angekommen wenden wir uns nach rechts und kehren in die Stadt zurück.

Burg Miltenberg

Wer den Weg über die Mildenburg nehmen will, braucht Zeit, denn mit einem kurzen Blick ist es nicht getan. Zwar ist der Ausblick auf den Main schön, länger aber hält die Kunstausstellung im Museum der Burg von der Wanderung ab.

Linke Seite: So manche interessante Sitzgelegenheit findet man auf dieser Wanderung.

Auf diesem Marktplatz am Rande des Odenwaldes begann der Film »Das Wirtshaus im Spessart«.

18 Laudenbach am Main
Von Laudenbach nach Brunnthal und zurück

mittel | 8,8 km | 150 Hm | 2:00 Std.

Tourencharakter
Mittelschwere Wanderung. Gutes Schuhwerk und Wanderstöcke sind zu empfehlen.

Ausgangs-/Endpunkt
Dorfstraße in Laudenbach (dort gibt es einige markierte Parkplätze)

GPS-Daten
49°44'37.0" N 9°10'30.7" O

Anfahrt
Bus: Linie 86 von Miltenberg
Bahn: Über die Bahnstrecke Aschaffenburg–Miltenberg
Auto: B 469, Kreisstraße MIL 3

Karte
Maintal-Odenwald: Odenwald Freizeitkarte 1:20 000, Blatt 7, ISBN 978-3-947593-00-2

Information
Gemeinde Laudenbach, Obernburger Straße 10, 63925 Laudenbach, Tel. 09372/2496, www.laudenbach-am-main.de

Einkehr
Goldner Engel, Miltenberger Straße 5, 63925 Laudenbach, Tel. 09372/99930, goldner-engel.de
Zur Krone, Obernburger Straße 4, 63925 Laudenbach, Tel. 09372/2482, www.krone-laudenbach.de

Der Main ist immer ein guter Ausgangspunkt für eine Wanderung in den Odenwald – oder auf der anderen Seite in den Spessart. Diese Wanderung führt hinauf zu einer Ortschaft, die nur aus zwei Höfen besteht. Die Wanderung ist unspektakulär – aber trotzdem reizvoll.

Durch Laudenbach Ausgangspunkt ist die Dorfstraße von Laudenbach. Sind wir mit dem Zug angereist, so müssen wir ein Stück die Miltenberger Straße entlang, bevor wir in die Dorfstraße einbiegen können. Dort liegt auch das Schloss Laudenbach, erbaut von den Freiherren von Fechenbach, jedoch seit 2002 im Besitz und bewohnt von einer Familie der Fürsten zu Löwenstein-Wertheim-Rosenberg. Hinter dem Mühlweinbergspfad biegen wir rechts ab Richtung Spielplatz. Es sieht nicht nach Wanderweg aus, ist aber so ausgeschildert. Wir gehen am Bächle entlang, über Miniaturbrücken, zwischen Gärten hindurch, bis

Blick auf Laudenbach am Ende der Wanderung

Schloss Laudenbach

Dort, wo wir eine Kehrtwende machen, steht dieses skurrile Windrad.

Schottische Hochlandrinder erwartet man nicht im Odenwald.

der Weg zu Ende ist. Danach erst links und etwas weiter rechts auf den Mühlweg, auf dem es dann aus dem Ort hinausgeht.

Zum Klanggarten und nach Brunnthal Irgendwann verliert sich der Asphalt und ein Wirtschaftsweg ist angesagt. Wo der Weg zu Ende ist, müssen wir für unsere Wanderrunde rechts abbiegen. Es lohnt aber zunächst ein Abbiegen nach links. Rund 100 Meter weiter finden wir einen Klanggarten, der zum kreativen Ausprobieren der aufgestellten Klangwerkzeuge einlädt. Danach gehen wir zurück und biegen am Ende links ab. Ab hier können wir nichts mehr verkehrt machen. Immer weiter bis Brunnthal.

Im Wald nach rechts Bei den Höfen gehen wir um 180 Grad herum und zurück nach Laudenbach, jedoch nicht zu schnell, denn es gibt einiges zu sehen. Die Bewohner der Höfe haben wohl einen etwas skurrilen Humor. Da gibt es einiges zu gucken. Gleich hinter den Höfen laden eine Bank und ein wassergekühlter Getränkespeicher zu einer Rast ein. Da die Hälfte des Weges geschafft ist, eine gute Gelegenheit. Danach heißt es allerdings aufpassen. Nach dem Eintritt in den Wald biegt ein kleiner Weg rechts ab. Wir können ihn leicht verpassen, weil er so unscheinbar ist. Also Obacht geben, sonst landen wir nach einem Kilometer auf der Straße.

Zurück nach Laudenbach Durch den Wald geht es abwärts ins Tal. Sind wir dort angekommen, müssen wir wieder aufpassen, weil

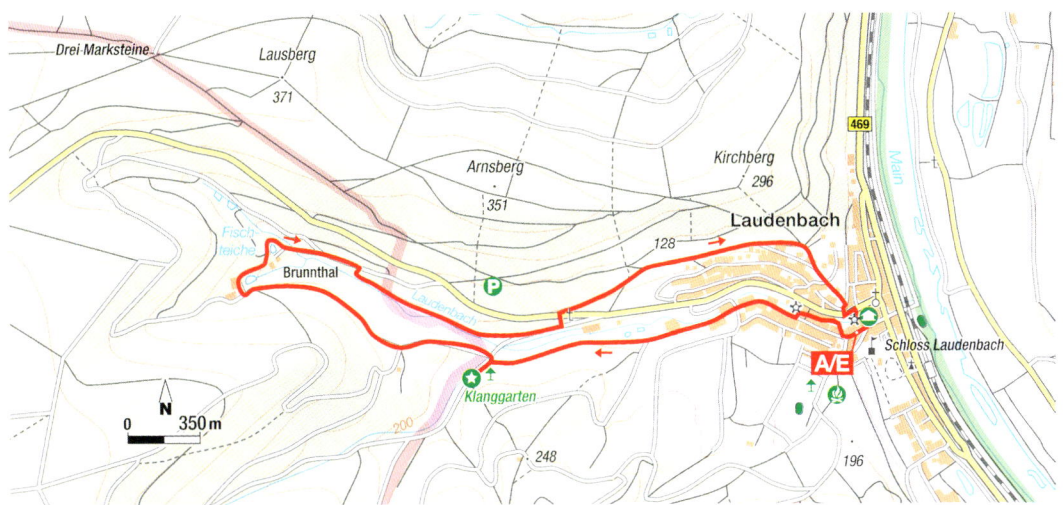

es bald links ab und wieder hoch geht. Ein schmaler Pfad, den wir Dank der Wegmarkierungen gut im Auge behalten. Dieser Weg führt über die Straße und oberhalb am anderen Ortsrand nach Laudenbach zum Ausgangspunkt zurück. Etwas Trauriges erwartet uns kurz vor Laudenbach. Am Ende ist ein Stück des Weges von Eichen befreit. Man sieht nur noch die Stümpfe. Die Tafel einer Bürgerinitiative weist darauf hin, dass die »Herren von Löwenstein« dies in Kooperation mit dem Gemeinderat aus schnöder Gewinnsucht zu verantworten haben.

Blick auf Brunnthal

19 Burg-Breuberg-Runde
Über Burg und Berg

mittel | 7,8 km | 280 Hm | 2:00 Std.

Tourencharakter
Mittelschwere Wanderung. Gutes Schuhwerk und Wanderstöcke sind zu empfehlen.

Ausgangs-/Endpunkt
Marktplatz in Breuberg

GPS-Daten
49°49'02.1"N 9°02'05.7"O

Anfahrt
Bus: Linie 20 von Höchst oder Mömlingen, Linie 30 von Erbach
Bahn: Bahnstrecke Aschaffenburg–Höchst im Odenwald
Auto: Über die B45 von Dieburg oder Höchst im Odenwald, über die B426 von Bad König oder Obernburg am Main

Karte
Maintal-Odenwald: Odenwald Freizeitkarte 1:20000, Blatt 7, ISBN 978-3-947593-00-2

Information
Fremdenverkehrsamt Breuberg, Ernst-Ludwig-Straße 2–4, 64747 Breuberg, www.fremdenverkehrsbuero.info/fremdenverkehrsamt-breuberg.html

Einkehr
Burgschenke, Burg, 64747 Breuberg
Restaurant Breuberger Hof, Erbacher Straße 22, 64747 Breuberg, Tel. 06165/1289
Sophienhof, Sophienhof 1, 64747 Breuberg, Tel. 06165/543, www.sophienhof-breuberg.de

Man kann auch mit dem Auto hochfahren, viel schöner ist es aber zu Fuß zu gehen und von der Burg zu einer Wanderung über die sanften Höhen in der Umgebung aufzubrechen.

Hinauf zur Burg Ausgangspunkt ist der Marktplatz in Breuberg. Wir gehen an der großen Linde den Römerberg hoch. Ein Schild weist uns am Ende nach rechts und so folgen wir der Route und steigen immer weiter bergan. Den offiziellen Weg

verlassen wir bald, um durch einen langen, schlauchartigen Gang direkter zur Burg zu gelangen. So kommen wir auch zu der langen Rutsche, die allerdings nur für Kinder zugelassen ist. Von dort steigen wir zu Burg hoch, die uns mit eindrucksvollem Mauerwerk erwartet. Burg Breuberg ist eine der am besten erhaltenen Burganlagen Deutschlands. Eine Jugendherberge ist darin untergebracht, das Museum des Breuberg-Bundes und ein Merowingergrab enthält sie auch noch. Für das leibliche Wohl sorgt die Burgschenke. Grund genug für uns, hier etwas Zeit zu verbringen und uns einiges anzusehen. Auch der Ausblick ist phänomenal.

Breuberg Museum

Wollen wir das Museum besichtigen, müssen wir allerdings an einer Führung teilnehmen. Damit wir nicht vor verschlossener Tür stehen, ist es ratsam, vorher anzurufen (Tel. 06163/709-16) oder sich online anzumelden (www.burg-breuberg.de/fuehrungen/online-anmeldung).

Links und rechts: Burg Breuberg ist eine der besterhaltenen Burganlagen in Süddeutschland.

Burg-Breuberg-Runde

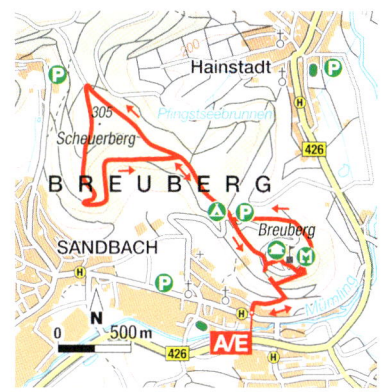

Für eine Rast mit Brotzeit findet man leicht ein passendes Plätzchen.

Zum Waldparkplatz   Um von der Burg aus weiterzuwandern, gehen wir zunächst ein Stück zurück, an der Rutsche wieder hinunter und unten angekommen gleich links. So umrunden wir die Burg und gelangen durch den Wald zum Waldparkplatz am Breuberg. Wir überqueren die Burgstraße und wandern geradeaus weiter, bis der Weg nach links abknickt und sich bald darauf teilt. Ob wir nun die linke oder die rechte Abzweigung nehmen, ist im Grunde gleich, denn wir kommen so oder so am Schluss wieder an dieser Stelle an.

Eine Runde durch den Wald   Für diese Route wählen wir die linke Abzweigung und folgen dem Weg in einem großen Bogen. Wenn der Weg zum zweiten Mal eine Abzweigung ganz scharf nach rechts hat, folgen wir dieser. Diesem Weg folgen wir nun ungeachtet anderer Abzweigungen bis zum Ende. Dann wenden wir uns rechts und folgen ihm bis zum Waldparkplatz.

Abkürzen der Tour

Wollen wir die Wanderung abkürzen, können wir schon die erste Abzweigung scharf nach rechts nehmen. Am Ende dieses Weges wieder rechts herum, kommen wir wieder zum Waldparkplatz zurück.

Zurück nach Breuberg   Zum Abschluss geht es noch einmal zur Burg hinauf. Diesmal wenden wir uns aber nicht links auf die Burgstraße, sondern gehen geradeaus weiter. Wir kommen am Tierhotel vorbei auf die Straße, die um die Burg herumführt, und können ihr bis zur Rutsche folgen, oder wir gehen die Treppe hoch zur Burg, um diese auch von der Westseite zu umgehen. Auch von dort müssen wir zur Rutsche zurück und dort den Abstieg zur Stadt machen, wie wir hinaufgegangen sind.

Linke Seite: Der Hohlweg führt hinauf zur Burg.

20 Schloss Reichenberg und Burg Rodenstein

Von der Burg zum Schloss

schwer | 11,6 km | 320 Hm | 3:00 Std.

Tourencharakter
Schwere Wanderung. Gutes Schuhwerk und Wanderstöcke sind zu empfehlen.

Ausgangs-/Endpunkt
Reichelsheim, Parkplatz in der Bahnhofstraße (Bushaltestellen sind in der Nähe)

GPS-Daten
49°42'42.1" N 8°50'30.4" O

Anfahrt
Bus: Linie 665 nach Bensheim
Auto: Durch Reichelsheim führen die B 47 (Nibelungenstraße) von Michelstadt nach Worms und die B 38 von Roßdorf nach Weinheim.

Karte
Rodensteiner Land: Odenwald Freizeitkarte 1:20 000, Blatt 4, ISBN 978-3-931273-92-7

Information
Touristikinformation Reichelsheim, Bismarckstraße 43–45, 64385 Reichelsheim (Odenwald), Tel. 06164/508-0, www.reichelsheim.de

Einkehr
Hofgut Rodenstein, An der Burgruine, 64407 Fränkisch-Crumbach, Tel. 06164/1087, hofgut-rodenstein.de
Odenwald-Gasthaus Johanns-Stube, Rathausplatz 2, 64385 Reichelsheim (Odenwald), Tel. 06164/2226, www.treuschs-schwanen.com

Durch dunklen Wald zum finsteren Schloss, über offene Höhen, gewürzt von Anekdoten und Sprüchen der Dichter – das sind die richtigen Zutaten für eine gelungene Herbstwanderung.

Hinaus aus Reichelsheim Wir biegen in Reichelsheim von der Bahnhofstraße rechts ab in die Helene-Göttmann-Straße, die jenseits der Darmstädter Straße zur Konrad-Adenauer-Allee wird. Links führt ein Treppchen hinunter durch eine Kleingartenanlage. In der Eichenberger Straße biegen wir nach rechts ab, umrunden mit der Beerfurther Straße das Rathaus, finden über den Rathausplatz in die Bismarckstraße, folgen dieser in die Laudenauer Straße und über diese aus dem Ort hinaus.

Einmal im Jahr wird Reichelsheim zur Sagen- und Märchenstadt.

Schloss Reichenberg und Burg Rodenstein

Nach Laudenau Nun folgen Sie dem Weg gut drei Kilometer. Wenn er sich teilt, halten Sie sich rechts. So kommen Sie oberhalb an Laudenau vorbei, zuletzt auf der Freiheitsstraße. Wenn Sie den Wanderparkplatz sehen, gehen Sie vorher bzw. ein wenig unterhalb von diesem rechts ab. Sie können aber auch einen kleinen Abstecher nach links machen bis zur »Essigmanufaktur zur Freiheit« (Tel. 06164/1032, www.zurfreiheit.de). Oder wir genießen leckeres Fallobst und finden mit etwas Glück ausreichend große Esskastanien, von denen im Odenwald an manchen Stellen teilweise schon recht alte Bäume wachsen.

Märchen und Sagen

Wenn Sie im Herbst bei Reichelsheim wandern wollen, so bietet sich der Oktober ganz besonders an. Jedes Jahr finden am letzten Wochenende die Märchen- und Sagentage statt. Dabei wird auch der Wildweibchenpreis, eine Auszeichnung für Kinder- und Jugendliteratur, vergeben. Einige der bisherigen Preisträger: Frederik Hetmann, Otfried Preußler, Sigrid Früh, Kirsten Boie, Andreas Steinhöfel und 2019 Rosemarie Tüpker. Zur Veranstaltung gehört auch ein Mittelaltermarkt in den Gassen der Altstadt.

Zur Burgruine Rodenstein Beim weiteren Weg durch den Wald zur Burgruine Rodenstein kommen wir auch am Fallbacher

Links: Quer durch den Ort geht es, ...

Unten: ... bis man hinauskommt in den Odenwald.

Links und rechts: Man kann sich schon vorstellen, dass die alte Burgruine Rodenstein noch einen Burggeist beherbergt.

Wasserfall vorbei. Ob wir diesen überhaupt zur Kenntnis nehmen, hängt davon ab, wie viel Wasser er führt. Durch die letzten wasserarmen Jahre ist er leider meistens nur noch ein kleines unscheinbares Gerinnsel. Dagegen kommt uns die Burgruine durchaus eindrucksvoll entgegen, obwohl sie zunächst durch die Bäume verdeckt wird. Unvermittelt taucht die weitläufige Burgruine auf und die teilweise noch gut erhaltenen Mauerreste laden zur Besichtigung ein. Eine Sage erzählt, dass dort ein Geist haust, der bei drohendem Kriegsausbruch aus dem Grab steigt und die Leute warnt. Werner Bergengruen und Joseph Victor von Scheffel haben diese Ruine literarisch verewigt. Auf einigen Schautafeln rund um die Burg wird davon berichtet und manch literarischer Auszug als Kostprobe gegeben.

Wildweibchenstein

Alternativ können Sie über den Wanderparkplatz gehen und dem weiteren Weg folgen bis zum Wildweibchenstein, von dem eine merkwürdige Sage handelt. Zwei Frauen sollen dort gehaust haben. Über sie wird allerlei erzählt, unter anderem auch, dass sie mit einem Jäger eine Ménage-à-trois gehabt haben sollen. Werner Bergengruen hat diese Sagengestalten in seiner Novelle *Rudolf von Rodenstein und die wilden Weibchen* literarisch verarbeitet.

Zum Schloss Reichenberg Wenn wir nicht zum Hofgut Rodenstein

Schloss Reichenberg und Burg Rodenstein

wollen, das unterhalb der Burg liegt, gehen wir von der Burg aus weiter bis zum Wanderparkplatz, an dem wir rechts abbiegen und Reichelsheim auf diesem Weg wieder erreichen. Dort biegen wir allerdings links in die Pestalozzistraße ein und wechseln vor den Tennisplätzen auf den kleinen Pfad, der uns hoch zum Schloss Reichenberg führt. Dort ruhen wir im Café von der Wanderung, insbesondere vom letzten Anstieg, bei Kaffee und Kuchen aus. Die letzten Schritte hinab nach Reichelsheim zum Auto oder zum Bus sind kaum noch eine Anstrengung.

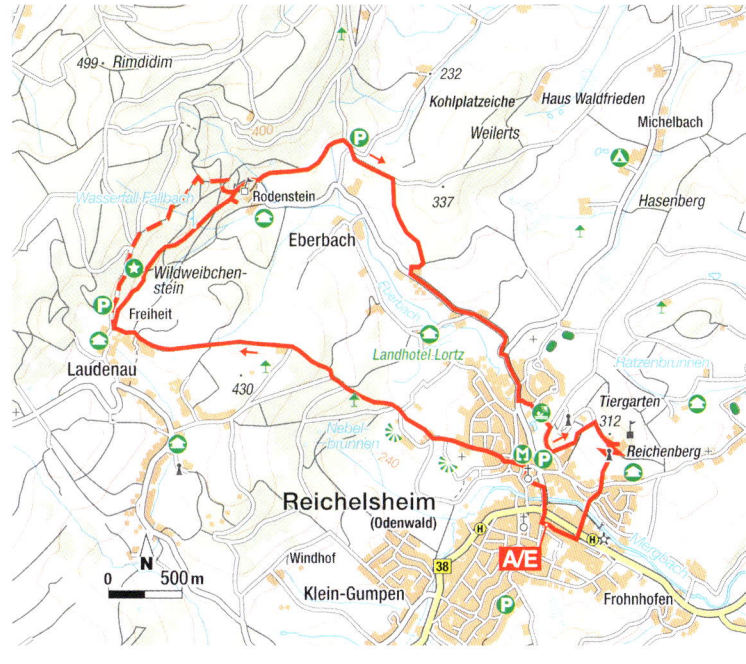

Schloss Reichenberg ist für einen Abschluss bei Kaffee und Kuchen gut.

Klare Bäche, die durch den Wald und über weite Wiesen fließen, sind ein Merkmal des östlichen Odenwaldes.

Östlicher Odenwald – Bauland und Madonnenländchen

21 Osterburken und Adventon
Von den Römern bis zum Mittelalter

leicht   6,7 km   80 Hm   1:45 Std.

Tourencharakter
Leichte Wanderung ohne große Beanspruchung. Gutes Schuhwerk ist aber niemals verkehrt.

Ausgangs-/Endpunkt
Bahnhof Osterburken

GPS-Daten
49°25'48.9" N 9°25'22.0" O

Anfahrt
Bahn: Osterburken ist über die Frankenbahn (Stuttgart–Würzburg) sowie die Bahnstrecke Neckarelz–Osterburken zu erreichen. S1 der S-Bahn RheinNeckar.
Auto: A81, Ausfahrt Osterburken. Auf der B292 von Mosbach oder Bad Mergentheim.

Karte
Heidelberg–Neckartal-Odenwald: Odenwald Freizeitkarte 1:20000, Blatt 12, ISBN 978-3-947593-10-1

Information
Stadt Osterburken, Marktplatz 3, 74706 Osterburken, Tel. 06291/401-0, www.osterburken.de

Einkehr
Restaurant Talmühle Osterburken, Schafstraße 33, 74706 Osterburken, Tel. 06291/647 63 75, www.restaurant-talmuehle-osterburken.de
Histotainment-Park Adventon, Marienhöhe 1, 74706 Osterburken, mittelalterpark.de

Ein Römermuseum, ein neu aufgebauter Wachturm und dann noch eine mittelalterliche Siedlung, die lebt – mehr auf einer Wanderung geht nicht. Sollte man meinen. Wenn wir dann auf dem Rückweg noch an neuzeitlichen Industrieanlagen vorbeikommen, werden wir eines Besseren belehrt.

Zum Römermuseum Um in Osterburken vom Bahnhof zum Römermuseum zu kommen, müssen wir die Schienen unterqueren. Wo es langgeht, ist leicht zu finden, zumal der Weg gut ausgeschildert ist. Vielleicht werfen Sie, bevor Sie zum Museum weitergehen, einen Blick auf die Kilianskirche. Der Kirchturm ist alt, aber der Rest gerade erst vor einem halben Jahrhundert entstanden. Interessant ist der außen angebrachte Bauschmuck. Was der Künstler Emil Wachter dort in den Beton gezaubert hat, ist so

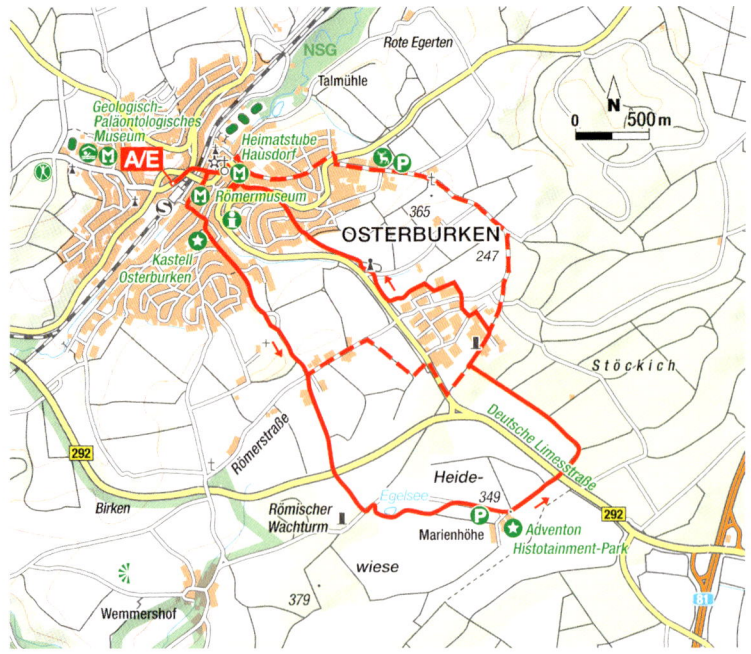

Ungewöhnlich ist der Schmuck an der Kilianskirche in Osterburken.

nicht oft an Kirchen zu finden. Das Römermuseum ist nur ein paar Schritte entfernt. Ob es besser ist, den Museumsbesuch an den Anfang oder an das Ende zu legen, hängt von den individuellen Vorlieben und natürlich von den Öffnungszeiten ab (www.roemermuseum-osterburken.de). Der Besuch lohnt sich aber auf jeden Fall.

Auf den römischen Wachturm   Danach gehen wir am Römermuseum vorbei und folgen der Römerstraße, bis sie zur Hagerstraße wird. Wir biegen links ab und folgen der Kastellstraße aus der Stadt. Wir passieren dabei die Reste des alten Kastells Osterburken, gelangen zum Friedhof und kurz hinter dem Friedhof zu dem Nachbau eines Limeswachturmes. Dabei sind auf Tafeln viele Informationen zu finden und wir können auch hinauf und schauen, wie weit die Römer ehemals blicken konnten.

Aussichten

Beachtenswert sind auch die Objekte auf der anderen Seite der Straße beim Limeswachturm. Je nachdem wie wir uns stellen, geben sie unserer Sicht einen immer neuen Rahmen und rücken andere Objekte in den Fokus.

Die Rekonstruktion des alten Wachturmes kann man besteigen.

Diesen Weiher sieht man nur, wenn man ungewohnte Wege geht.

Zum Egelsee Weiter gehen wir geradeaus, überqueren die B 292 und gelangen am Ende auf eine Landstraße. Wir könnten ihr jetzt nach links folgen bis zum Histotainment-Park Adventon. Wenn wir unerschrocken sind, gehen wir aber den kleinen Pfad rechts ab und umrunden den Egelsee, den wir von der Straße aus sonst nicht sehen können. Geradeaus weiter geht es dann

ebenfalls bis zur mittelalterlichen Siedlung Adventon, aber genau genommen kann von einem richtigen Weg nicht gesprochen werden. Mit gutem Schuhwerk bewältigen wir aber auch Wiesen und Ackerränder.

Zur Mittelaltersiedlung Der Histotainment-Park Adventon auf der Marienhöhe ist eine Ansiedlung, in der auf experimentelle Weise versucht wird, mittelalterliches Leben nachzuempfinden. Wie gut oder weniger gut das gelungen ist, können wir am besten erfahren, wenn wir uns alles einmal anschauen. Alternativ oder zusätzlich löst ein dort vorhandenes Gasthaus auch Probleme wie knurrende Mägen und trockene Kehlen.

Alternative Rückwege

Wenn uns das Industriegebiet zu uninteressant ist, können wir auch links abbiegen und durch die Felder auf die Straße zum Kastell zurückkehren. Oder wir umrunden das Industriegebiet rechts außen und kehren in einem großen Bogen in die Stadt zurück.

Zurück nach Osterburken Für den Rückweg überqueren wir die B 292, biegen links ab und gehen immer am Waldrand entlang bis zum Industriegebiet. Dort gehen wir ein Stück rechts, durchqueren es und biegen am Ende links ab. Der Weg nahe der Straße führt uns dann durch die Felder zurück nach Osterburken.

Adventon – das Tor zum Mittelalter

22 Limbacher Mühlenwanderung

Von der Limbacher zur Heidersbacher Mühle

mittel   7,2 km   120 Hm   1:50 Std.

Tourencharakter
Mittelschwere Wanderung, gutes Schuhwerk ist ratsam. Diese Tour ist auch für ältere Kinder geeignet, die kleinere Wanderungen schon mitgehen.

Ausgangs-/Endpunkt
Limbach, Bahnhofsstraße/ Heidersbacher Straße

GPS-Daten
49°27'33.8" N 9°12'57.3" O

Anfahrt
Bus: Von Mosbach mit der Linie 832
Auto: Über die B 27 von Buchen oder Mosbach

Karte
Östlicher Odenwald–Madonnenländchen: Odenwald Freizeitkarte 1:20 000, Blatt 19, ISBN 978-3-931273-87-3

Information
Gemeinde Limbach, Muckentaler Straße 9, 74838 Limbach, Tel. 06287/9200-0, www.limbach.de

Einkehr
Limbacher Mühle, Heidersbacher Straße 18, 74838 Limbach, Tel. 06287/1020, www.limbacher-muehle-odenwald.de
Landgasthof Heidersbacher Mühle, Heidersbacher-Mühle 1, 74834 Elztal, Tel. 06293/368, www.heidersbacher-muehle.de

Eine Wanderung, die durch den südöstlichen Odenwald führt und abgesehen von den beiden Mühlen – die heute Gaststätten sind – kaum Berührung mit Straßen und Ortschaften hat.

Zur Limbacher Mühle Wir parken in Limbach an einer günstigen Stelle der Bahnhofs- oder Heidersbacher Straße und folgen dieser dann aus dem Ort hinaus. Zunächst geht es abwärts, bevor wir wieder einen Anstieg bekommen. Das erste Ziel, die

Limbacher Mühlenwanderung

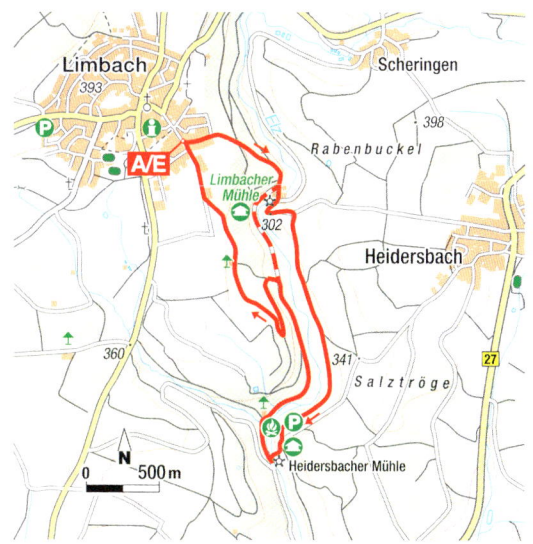

Limbacher Mühle, ist bald erreicht. Hinter der Gastwirtschaft folgen noch ein paar Häuser und wir überqueren die Elz über eine kleine Brücke. Danach biegen wir in die Hohlstraße rechts ab, folgen ihr in der Biegung und nehmen danach die Abzweigung nach rechts.

Die Elz sucht sich ihren Weg durch den Odenwald.

An der Heidersbacher Mühle

Nun gehen wir gut drei Kilometer durch den Wald, begleitet von der Elz zur rechten Hand in einem Taleinschnitt. Dann taucht die Heidersbacher Mühle auf, zu der wir heruntersteigen. Hier ist ein guter Platz für eine Rast und falls Kinder dabei sind, ist dies eine gute Abwechslung für sie.

Linke Seite: Die Heidersbacher Mühle am Wendepunkt der Wanderung

Zurück nach Limbach

Hinter der Mühle halten wir uns zunächst rechts, wenden dann aber nach gut eineinhalb Kilometern in einem Bogen nach links und gehen zurück, um dann bei der nächsten Abzweigung scharf nach links wieder umzuwenden. Nun müssen wir dem Weg nur noch folgen, um wieder nach Limbach zu kommen. Alternativ können wir diesen doppelten Schlenker aber auch unterlassen, dann kommen wir wieder zur Limbacher Mühle. Diese Variante ist um gut einen Kilometer kürzer.

Limbach

Falls wir noch etwas Zeit haben, schauen wir uns die barocke Kirche St. Valentin im Zentrum von Limbach an. Sie wurde nach einem Brand im Jahr 2003 originell wiederaufgebaut. Man hat das Langhaus oval erweitert. Oder wir gehen ins Dorfmuseum Wagenschwend, in dem eine Schmiede, Schuhmacherei, Barbierstube und Mosterei untergebracht sind.

23 Das Elztal auf und ab
Über Stege die Elz entlang

mittel | 12 km | 180 Hm | 3:00 Std.

Tourencharakter
Mittelschwere Wanderung, gutes Schuhwerk und Wanderstöcke sind ratsam.

Ausgangs-/Endpunkt
Einbach, Waldhausener Straße, Bushaltestelle

GPS-Daten
49°29'01.6"N 9°14'24.3"O

Anfahrt
Bus: VRN-Linien 841 und 842 von Hardheim, Neckarelz, Mosbach, Walldürn
Auto: Über die B 27 von Buchen oder Mosbach

Karte
Östlicher Odenwald–Madonnenländchen: Odenwald Freizeitkarte 1:20 000, Blatt 19, ISBN 978-3-931273-87-3

Information
Gemeinde Limbach, Muckentaler Straße 9, 74838 Limbach, Tel. 06287/9200-0, www.limbach.de

Einkehr
Gasthaus Goldener Stern, Landstraße 25, 74722 Buchen (Waldhausen)

Eine reizvolle Wanderung durch Wald und Wiesen, die plätschernde Elz meistens dabei in der Nähe und dreimal hinüber und herüber über teils abenteuerliche Stege. Eine Wanderung, die man auch gut im Hochsommer machen kann, ohne allzu sehr ins Schwitzen zu kommen.

Der Verlauf der Elz Die Elz ist ein Nebenfluss des Neckars, der jedoch eher die Anmutung eines Baches hat, in der Vergangenheit jedoch einige Mühlen antreiben konnte, etwa die Limbacher- und Heidersbacher Mühle aus der Wanderung zuvor. Sie entspringt im südöstlichen Odenwald in der Nähe von Mudau und mündet bei Neckarelz in den Neckar. Bei Laudenbach bekommt die Elz Unterstützung vom Einbach, vom Laudenbach, von der Maisenklinge und auch im weiteren Verlauf fließt ihr noch manches Bächlein zu.

Durch Wald und Flur geht die Wanderung, aber auch durch Felder.

Die Überquerung der Elz über abenteuerlichem Steg

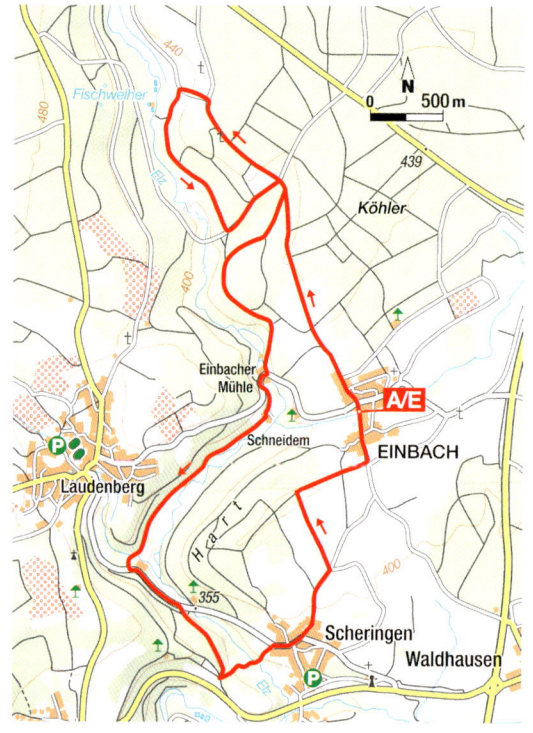

Raus aus dem Ort Wir beginnen die Wanderung in Einbach und folgen der Langenelzer Straße nach Norden aus dem Dorf, verlassen sie auch an der Wegkreuzung nicht, an der der Weg nach links abknickt. Erst dort, wo der Weg zwischen Wiese und Feld eine Abzweigung nach links hat, folgen wir dieser bis zum Ende, um dann wieder links zu gehen. Dabei bleiben wir auch. Wir folgen dem Weg, bis er zu Ende ist.

Durch die Natur Auf diesem Weg gibt es wenig Ablenkung. Wald, Wald, Wald, ein bisschen Weide und Wiese – da ist meditatives Wandern fast von allein möglich. Dass am Wegrand manches an Flora und Fauna beobachtet werden kann, ist fast schon nicht der Erwähnung wert. Von der Elz haben wir aber bislang noch nichts wahrgenommen. Erst nachdem wir uns südlich gewendet haben, begleitet sie uns zur rechten Hand. Noch einmal wenden wir uns von dem Flüsschen ab, indem wir links bis zu jener Kreuzung, an der wir geradeaus weitergegangen sind, gehen. Dort gehen wir rechts und wenige Schritte später wieder nach rechts.

Nach Scheringen Nun nähern wir uns der Elz wieder, machen mit ihr einen Bogen nach links, biegen an einer Weggabelung nach rechts ab und überqueren die Elz endlich einmal. Kurz nach dem Übergang wenden wir uns links und folgen der Elz weiter, die nun zu unserer Linken fließt. Wir kommen an Laudenberg vorbei und überqueren den Bach Maisenklinge, der kurz danach in die Enz mündet. Wir folgen der Dorfstraße, verlassen sie jedoch bei der nächsten Abzweigung nach rechts. Dieser Umweg beschert uns eine schönere Landschaft und eine romantischere Überquerung der Enz, wenn wir uns fast am Ende des Weges wieder links nach Scheringen wenden.

Verkürzen der Tour

Wenn Sie den Weg abkürzen möchten, so sparen Sie sich die Schleife jenseits der Wegkreuzung und biegen gleich vorher links ab. So ist die Wanderung etwa 1,5 Kilometer kürzer.

Rechte Seite unten: Die Elz bekommen wir auf der Wanderung oft zu sehen.

Das Elztal auf und ab

Zurück nach Einbach Wir verlassen den Ort auf der Dorfstraße und folgen dieser ein gutes Stück, bis ein Weg links Richtung Wald abbiegt. Diesen nehmen wir, biegen am Wald rechts ab und kommen am Ende auf die Waldhausener Straße, die uns links zurück nach Einbach bringt. Gastronomie gibt es in diesen Orten kaum. Einbach hat einen Bäcker, an dem wir vorbeikommen. Möchten wir irgendwo einkehren, müssen wir von Scheringen nach Waldhausen weiterwandern und von dort nach Einbach zurück, was einen Umweg von etwa drei Kilometern ausmacht.

Oben: Die Einbacher Mühle passieren wir nach langer Wanderung durch Wald und Feld.

24 Hettigenbeuern und das Morretal

Wo ehemals Tabak angebaut wurde

leicht | 5,2 km | 60 Hm | 1:30 Std.

Der kleine Ort Hettigenbeuern, den man nur über Landstraßen erreichen kann, hat einiges Interessante aufzuweisen. Dazu das Morretal, in dem es sich bequem und ohne Schwierigkeiten ein paar Kilometer wandern lässt.

Tourencharakter
Leichte Wanderung, auf der die Wege keine besonderen Ansprüche stellen. Auch für Senioren gut geeignet

Ausgangs-/Endpunkt
Morretalstraße in Hettigenbeuern

GPS-Daten
49°34'46.4"N 9°15'48.3"O

Anfahrt
Bus: VRN-Linie 823 von Buchen
Auto: Über Landstraßen von Waldürn, Buchen oder Mudau

Karte
Östlicher Odenwald–Madonnenländchen: Odenwald Freizeitkarte 1:20 000, Blatt 19, ISBN 978-3-931273-87-3

Information
Verkehrsamt Buchen, Hochstadtstraße 2, 74722 Buchen, Tel. 06281/2780, www.buchen.de

Einkehr
Gasthaus Engel, Schneeberger Straße 6, 74722 Buchen, Tel. 06286/287

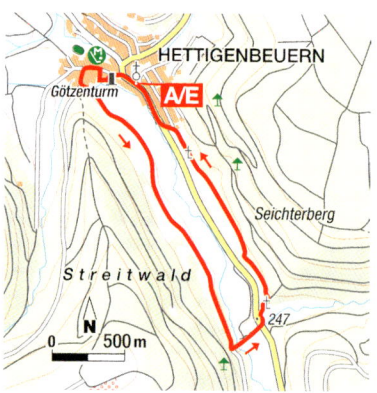

Bildstock bei Hettigenbeuern

Geschichtsträchtiges Hettigenbeuern Da ist zum Beispiel der Götzenturm, der heute das Wahrzeichen des Örtchens ist. Dieser Wohn- und Wehrturm hatte ehemals sogar einen Graben. Bekanntester Besitzer war, wie schon der Name sagt, Götz von Berlichingen. Wir parken in der Morretalstraße möglichst in der Ortsmitte und gelangen von da schnell zu dieser kleinen Wehrburg. Der Götzenturm ist unübersehbar und die Straße, die zu ihm führt, ist auch noch nach ihm benannt. Eine andere Sache ist der Tabakanbau. Vom Ende des 19. Jahrhunderts bis in die 1960er-Jahre hinein wurde die Tabakpflanze im Morretal großflächig angebaut. Von dieser Zeit künden noch im Ort die alten Tabakscheunen.

Entlang der Morre Vom Götzenturm aus machen wir

Der alte Götzenturm

Blick ins Morretal

einen Schlenker durch den kleinen Kurpark, kehren zur Morretalstraße zurück, folgen dieser zur Steinbacher Straße und verlassen über die Winterhelle den Ort. Wir brauchen die nächsten zwei Kilometer nur noch geradeaus diesem Weg zu folgen. Zur Linken haben wir die Morre, die im unteren Bereich auch Saubach genannt wird. Wir können auch links vom Weg abzweigen und hinunter zur Morre gehen, dieser ein Stückchen folgen und dann wieder hinauf zum Weg aufsteigen.

Über die Brücke Wenn wir anschließend in den Wald kommen,

Blick auf Hettigenbeuern von der anderen Seite des Tales

müssen wir sehr aufmerksam sein, denn nach 50 oder 60 Metern zweigt links ein schmaler Pfad ab. Auf ihm überqueren wir auf einer Brücke die Morre und gehen entlang des Seichterbaches hinüber zur Morretalstraße. Diese überqueren wir bei der kleinen Kapelle, um auf den Weg zurück nach Hettigenbeuern zu gelangen. Dazu müssen wir zweimal links abbiegen.

Hettigenbeuern

Machen Sie zu Beginn ihrer Wanderung oder am Ende einen kleinen Rundgang durch den Ort und lesen sie die alten Holztafeln, die da und dort aufgestellt wird. Danach wird Ihnen das kleine Dorf nicht mehr so unscheinbar erscheinen. Seit 1968 gilt es zudem als Erholungsort.

Zurück nach Hettigenbeuern Wir können dem Weg dann weiter bis zum Ortseingang folgen, wo wir zurück auf die Morretalstraße gelangen. Schöner ist es jedoch, wenn wir am Ende des kleinen Wäldchens den abzweigenden Weg nach rechts nehmen und etwas oberhalb zum Dorf zurückgehen. Das ist kaum weiter, erfordert aber noch einmal etwa 20 Höhenmeter Aufstieg. Wir kommen über die Fasanenstraße in den Ort und gehen über die Sonnenstraße zurück zur Morretalstraße.

Kapelle am Rande des Tales

25 Eberstadter Tropfsteinhöhle
Wanderung mit Höhleneinblick

leicht | 6,4 km | 80 Hm | 1:45 Std.

Tourencharakter
Leichte Wanderung, auf der die Wege keine besonderen Ansprüche stellen. Auch für Senioren und Kinder gut geeignet.

Ausgangs-/Endpunkt
Schloss Eberstadt oder Parkplatz bei der Tropfsteinhöhle

GPS-Daten
49°28'42.2" N 9°22'03.4" O

Anfahrt
Bus: VRN-Linie 848 von Buchen und Adelsheim
Auto: Über die L582 von Buchen

Karte
Östlicher Odenwald–Madonnenländchen: Odenwald Freizeitkarte 1:20000, Blatt 19, ISBN 978-3-931273-87-3

Information
Verkehrsamt Buchen, Hochstadtstraße 2, 74722 Buchen, Tel. 06281/2780,
www.buchen.de,
www.tropfsteinhoehle.eu

Einkehr
Restaurant Seeterrasse
Familie Gutekunst,
Höhlenweg 8, 74722 Buchen,
Tel. 06292/930113,
www.restaurant-seeterrasse.de

Diese kleine Wanderung hat es trotzdem in sich, weil sie uns einen Einblick in die Höhlenwelt im Muschelkalk und unsere Erdgeschichte verschafft.

Zum Parkplatz der Tropfsteinhöhle Wir parken in Eberstadt am Schloss derer von Collenberg, auf das wir einen kurzen Blick werfen – besichtigen können wir es leider nicht –, bevor wir losgehen. Von der Dorfstraße über die Rathausstraße, biegen wir in den Höhlenweg ein, dem wir folgen, bis wir beim großen Parkplatz über die Straße müssen. Wir gehen aber vor den Parkplätzen weiter, am kleinen See entlang bis zum Parkplatz der Tropfsteinhöhle. Alternativ können wir auch hier parken und dann über Eber-

Schloss Eberstadt kann nur von außen betrachtet werden.

In der Höhle können eindrucksvolle Tropfsteine bewundert werden.

stadt hierher zurückkehren. Da wir aber wissen, dass es in den Tropfsteinhöhlen eher kühl ist, haben wir den kurzen bisherigen Weg genutzt, um uns schon einmal ein bisschen warmzulaufen.

In der Unterwelt   Die Tropfsteinhöhle liegt hinter dem See. Eine Besichtigung ist nur mit Führung möglich, aber unbedingt lohnenswert. Erst 1971 wurde die Höhle bei Sprengarbeiten entdeckt. Seit 1973 ist sie für den Publikumsverkehr erschlossen. Die Temperatur darin beträgt konstant 11 Grad, weshalb es nicht schlecht ist, vorher eine wärmende Jacke oder einen Pullover in den Rucksack zu packen. Die Höhle ist 600 Meter lang und mit kristallinen Exponaten ausgefüllt, die teilweise schöne Namen haben. Die Führung wird sie uns nennen.

Zur Landstraße   Nach der Besichtigung gehen wir oben am Parkplatz den schmalen Weg hinein, nicht den breiten, der zum Schotterwerk führt. Wir gehen unterhalb des Schotterbetriebes entlang, umrunden das Werk am Ende außerhalb des kleinen Wäldchens und wenden uns nach Osten. Noch vor der Straße wenden wir uns rechts und bei der zweiten Abzweigung links, um dann die Landstraße 582 zu überqueren.

Verlängern der Tour
Wenn uns die Wanderung zu kurz ist, können wir auch schon die erste Abzweigung nach links nehmen, über die Straße durch den Wald und uns denn immer rechts haltend nach Eberstadt zurückkehren.

Zurück nach Eberstadt   Über Wege, die durch Felder führen, kommen wir nun ohne Schwierigkeiten nach Eberstadt zurück. Da Eberstadt nicht mit Gastronomie gesegnet ist, bleibt uns nur der Weg noch einmal zu den Höhlen, zum Restaurant Seeterrassen.

26 Rund um Gerichtstetten

Durch Gärten, Wiesen und Wälder zur Keltenschanze

mittel | 7 km | 90 Hm | 2:00 Std.

Tourencharakter
Mittelschwere Wanderung, jedoch keine anspruchsvollen Stellen. Gutes Schuhwerk und Wanderstöcke sind trotzdem empfehlenswert. Für ältere Kinder und Jugendliche durchaus geeignet.

Ausgangs-/Endpunkt
Parkplatz hinter der Kirche an der Altheimer Straße in Gerichtstetten

GPS-Daten
49°31'58.8"N 9°30'07.5"O

Anfahrt
Bus: VRN-Linien 939 (Ahorn), 843 (Buchen/Walldürn)
Auto: Über die L514 von Hardheim oder Berolzheim, über die L579 von Altheim

Karte
Östlicher Odenwald–Madonnenländchen: Odenwald Freizeitkarte 1:20000, Blatt 19, ISBN 978-3-931273-87-3

Information
Gemeinde Hardheim, Schloßplatz 6, 74736 Hardheim, www.hardheim.de

Einkehr
Gasthof Zum Ochsen, Gerichtstetter Straße 41, 74736 Hardheim

Neben römischen und mittelalterlichen Relikten bietet der Odenwald auch Spuren der Kelten. Eine Rundwanderung im auslaufenden östlichen Odenwald führt uns zu einer keltischen Ringwallanlage, die Keltenschanze genannt wird.

Start in Gerichtstetten Wir überqueren in Gerichtstetten noch am Parkplatz die Altheimer Straße, biegen bei der Gerleinstraße sofort links ab und gehen aus dem Ort heraus. Bevor der Weg sich gabelt, biegen wir rechts ab und gehen bis zum Ende des Weges. Dann links und bei der nächsten Gelegenheit wieder rechts. Wenn der Weg zu Ende ist, wenden wir uns links und kommen bei einer Abzweigung zu einer Stelle, bei der sich schön rasten ließe – wenn wir nicht erst so kurz unterwegs wären. Zeit, den nahe beistehenden Bildstock zu bewundern, haben wir jedoch.

Zum Mühlstein Wir gehen die Abzweigung rechts weiter und freuen uns über das Damwild, das wir in einem Gehege bewun-

Der alte Mühlstein zeigt an, dass man sich am Hardheimer Mühlenweg befindet.

Die Wanderung führt durch herrliche Bauerngärten.

dern können. Bei der zweiten Wegkreuzung biegen wir rechts ab, gehen bis zum Wäldchen, wo wir rechts am Waldrand hintergehen, uns dann links wenden und nun über die Landstraße 514 müssen. Wir überqueren die Erfa und marschieren bis zum Wäldchen. Dabei kommen wir an einem großen Mühlstein vorbei, der auf die ehemalige Gerichtstetter Mühle hinweist. Am Ende des Weges gehen wir rechts zurück nach Gerichtstetten. Als wir an einem Sonntagvormittag diesen Weg gingen, begegnete uns eine Füchsin, die uns leider nicht nahe genug für ein schönes Foto heranließ. Flora und Fauna, auch im Kleinen, sind bei diesem Weg immer einen Blick wert.

Verkürzen der Tour

Möchten Sie die Tour abkürzen, so biegen Sie hinter der Kirche rechts ab in die Altheimer Straße. Sie kommen nach gut 250 Metern zurück zum Parkplatz.

Am Dorffestplatz vorbei Ein Dorf im Dorf ist das Keltendorf, an dem wir in Gerichtstetten vorbeikommen, nicht. Die hölzerne Palisade trennt nur den Dorffestplatz von der Straße ab, hat aber mit den Kelten nur insofern etwas zu tun, als dass die Dorfbewohner stolz sind auf den Bezug zur ehemaligen keltischen Besiedlung ihrer Region. Wir gehen die Gerichtstetter Straße weiter bis fast aus dem Ort heraus. Rechts

geht eine Landstraße ab, die mit dem Schild zur Keltenschanze versehen ist. Ihr folgen wir nun bis zu einem Wäldchen, an dem wir rechts abbiegen. Ein Schild zeigt uns, dass wir auf dem richtigen Weg sind.

Rastplatz am Steintisch

Zur keltischen Viereckschanze   Nun müssen wir nur noch geradeaus gehen bis zum nächsten Wäldchen, um zur Keltenschanze zu gelangen. Sie liegt versteckt im Wald, ist aber durch die Ausschilderung gut zu erkennen. Auf Tafeln ist einiges zu dieser ehemaligen Keltenanlage aufgeführt. Sie ist noch gut zu erkennen und man kann auf ihr ein Stückchen entlanggehen. Letztendlich kehren wir zurück zum Ausgangspunkt und gehen dann am Waldrand entlang, um wieder nach Gerichtstetten zu kommen. Natürlich können wir auch durch den Wald zur anderen Seite gehen, doch die Wege dorthin sind kaum noch zu erkennen und es gehört ein wenig Abenteuerlust dazu, diese Variante zu wählen. Auch dort wenden wir uns rechts den Waldrand entlang.

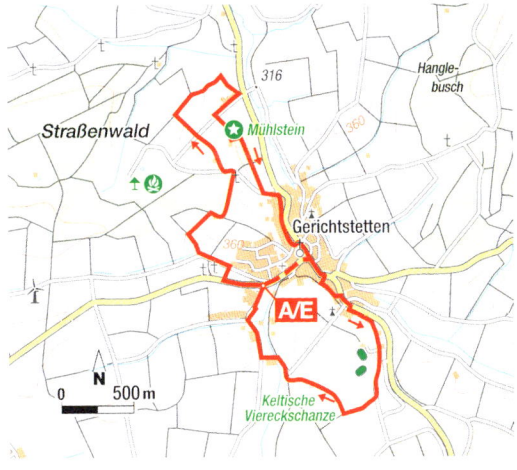

Zurück nach Gerichtstetten   Knickt der Weg nach links ab, widerstehen wir der Versuchung, weiter geradeaus zu gehen. Am Ende wenden wir uns rechts und an der Wegkreuzung bei dem Hof wieder rechts. So kommen wir zu dem Parkplatz zurück, von dem wir losgegangen sind.

Linke Seite: Das Keltendorf ist der Festplatz des Ortes.

27 Limespfad bei Walldürn
Geradewegs den Römern folgen

leicht | 7,5 km | 60 Hm | 2:00 Std.

Tourencharakter
Leichte Wanderung ohne anspruchsvolle Stellen

Ausgangs-/Endpunkt
Walldürn, Parkplatz am Limes-Lehrweg, Heidingsfelder Weg

GPS-Daten
49°35′26.0″N 9°22′52.2″O

Anfahrt
Bahn: Madonnenlandbahnstrecke Seckach–Miltenberg
Auto: Über die B 27 von Tauberbischofsheim, Mosbach und Heilbronn, über die B 292 von Sinsheim, über die B 37 von Eberbach

Karte
Östlicher Odenwald–Madonnenländchen: Odenwald Freizeitkarte 1:20 000, Blatt 19, ISBN 978-3-931273-87-3

Information
Touristeninformation Walldürn, Hauptstraße 278, 74731 Walldürn, Tel. 06282/67105, www.wallduern.de

Einkehr
Gaststätte Zum Burgtörle, Hauptstraße 17, 74731 Walldürn, Tel. 06282/95404, www.burgtoerle.de

Dass die Römer vor langer Zeit in der Gegend waren, ist hinlänglich bekannt, auch, dass der Limes sich ein Stück durch den Odenwald oder, besser gesagt, durch dessen Randgebiet zog. Grund genug, einmal dem Limes-Lehrpfad in Walldürn ein paar Kilometer zu folgen.

Auf dem Limespfad Schon am Parkplatz wird durch Tafeln und Schilder auf den Lehrpfad hingewiesen; es ist nicht schwer, auf den rechten Weg zu kommen. Einmal auf dem Pfad, geht es geradeaus durch teilweise dichten Wald, bis das Ende erreicht ist. Auf dem Weg finden sich Reste von Wachtürmen und immer neue Tafeln, die erläutern, was der Limes ist und wie er benutzt wurde. Man könnte dies für eine verspätete Schulstunde halten.

Felsen lassen sich schnell mal zum Denkmal aufrichten.

Limespfad bei Walldürn

Da wir aber immer wieder bis zum nächsten Infopunkt marschieren müssen, kommen wir nicht in die Verlegenheit, dabei einzuschlafen.

Grundmauern eines Limeswachturms

Rückkehr nach Walldürn Am Ende des Weges halten wir uns rechts und biegen bei der nächsten Gelegenheit wieder rechts ab. Nun halten wir es wie auf dem Hinweg: einfach immer geradeaus weitergehen. Allerdings dürfen wir nicht bis zum Ende gehen, sonst kommen wir zu weit ab von unserem Ausgangspunkt. Wenn wir mitzählen, dann können wir bei der siebten Abzweigung hinter der Straße, die wir als Erstes überqueren, nach rechts abbiegen. Wir stoßen dann auf einen Weg, dem wir unbedenklich folgen können, bis wir wieder am Parkplatz angekommen sind. Keine spektakuläre Wanderung, aber eine lehrreiche. Und es muss ja noch nicht Schluss sein (siehe Tipp).

Da es eine Wanderung ist, die fast ausschließlich durch den Wald geht, empfiehlt sie sich für heiße Augusttage. Der Gang durch den kühlen Wald ist dann fast eine Erholung.

Walldürn

Ein abschließender Stadtbummel durch die Wallfahrtsstadt ist unbedingt zu empfehlen. Die Wallfahrtsbasilika, das Stadt- und Wallfahrtsmuseum und das Elfenbeinmuseum lohnen eine Besichtigung.

An Steinen gibt es im Odenwald wahrlich keinen Mangel.

28 Rundwanderung bei Hardheim

Über den Uhrmacherweg auf die Wacholderheide

leicht　4 km　70 Hm　1:00 Std.

Tourencharakter
Leichte Wanderung ohne anspruchsvolle Stellen. Gutes Schuhwerk und eventuell Wanderstöcke sind trotzdem nützlich.

Ausgangs-/Endpunkt
Mühlweg in Hardheim

GPS-Daten
49°36'06.5" N 9°28'40.6" O

Anfahrt
Auto: Über die B 27 von Tauberbischofsheim, Walldürn, Mosbach, Heilbronn, über die L 514 Anschluss an die A 81

Karte
Fränkischer Odenwald–Madonnenländchen: Odenwald Freizeitkarte 1:20 000, Blatt 20, ISBN 978-3-931273-95-8

Information
Gemeinde Hardheim, Schloßplatz 6, 74736 Hardheim, Tel. 06283/58-0,
www.hardheim.de

Einkehr
Gaststätte Loeffler, Wertheimer Straße 12, 74736 Hardheim, Tel. 06283/9859082
Gärtnersmühle GmbH, Würzburger Straße 22, 74736 Hardheim, Tel. 06283/1727,
www.gaertnersmuehle.de

Hardheim ist eine kleine Stadt am nordöstlichen Rand des Odenwaldes. Andererseits ist man aber schon mittendrin, wenn man sich das Umland ansieht. Der kleine Rundweg über die Wacholderheide bringt uns nicht an Leistungsgrenzen, dafür aber manchen schönen Blick auf die Umgebung.

Hinaus aus der Stadt　Der Anfang nimmt sich wie ein Spaziergang aus. Wir parken am Mühlweg, vielleicht noch in der Stadt oder schon etwas außerhalb. Dann gehen wir einfach immer weiter geradeaus über die asphaltierte Landstraße. Das ist ein

Blick auf Bretzingen

Knorrige Nadelbäume säumen
den Weg zur Wacholderweide

angenehmes Gehen. Rechter Hand fließt die Erfa, ein etwa vierzig Kilometer langer Fluss, der bei Bürgstadt in den Main fließt.

Fahrradtour

An der Erfa entlang führt auch ein Mühlenwander- und Radweg von Erftal bis nach Bürgstadt. Es ist kein Rundweg, die rund 30 Kilometer sind nur eine Strecke. Mit dem Fahrrad ist das gut hin und zurück an einem Tag zu schaffen, zu Fuß eher nicht. Aber es ist eine lohnende Tour.

Zur Wacholderheide Am Ende des Weges halten wir uns links und gehen dann gleich wieder links den Uhrmacherweg hinauf. Wenn wir uns diesen steilen Aufstieg nicht antun wollen oder einfach eine längere Strecke gehen möchten, folgen wir der asphaltierten Straße weiter und biegen nach einem Knick bei der ersten oder zweiten Abzweigung links ab. Auch so kommen wir dann auf die Wacholderheide, haben aber knapp einen Kilometer mehr Strecke gemacht.

Über Stock und Stein Für die Strecke über die Wacholderheide sind wir froh, dass wir gutes Schuhwerk angezogen haben. An

Manch rustikales Objekt zeugt davon, dass die Wacholderheide nicht unbewohnt ist.

manchen Stellen müssen wir auch aufpassen, wo wir hintreten. Ungeachtet dessen ist es eine schöne Strecke. Ursprünglich wurden diese Muschelkalkhänge als Weinberge genutzt. Nachdem der Weinbau im 18. Jahrhundert zurückgegangen war, wurden es Schafweiden. Die Wacholderheiden bildeten sich unter diesen Umständen nach und nach heraus.

Hardheim

Ein Besuch im Badischen Hof könnte der Abschluss dieses Wandertages sein, um die Goethe-Stube zu sehen. Der Weimarer Geheimrat soll sich dort von einer jungen Bedienung einen Kuss geholt haben, was man bis heute in Hardheim nicht vergessen hat. Oder wir besuchen das Erfatalmuseum und erfahren dort unter anderem, was die Stadt mit der Raumfahrt zu tun hat.

Zurück nach Hardheim Die Aussichten auf Hardheim und Bretzingen sowie auf das Erfatal sind allein schon den Anstieg wert. Wenn wir im Frühling gehen, können wir uns über Flora und Fauna freuen, erleben vielleicht die ersten Küchenschellen, im Spätsommer die Herbstzeitlosen. Wir sind diese Tour im Januar am Nachmittag in den Abend hinein gegangen und fanden die kargen, mit Wacholderbüschen bewachsenen Flächen immer noch ansprechend. Gerne hätten wir eine Schneewanderung dort gemacht, aber leider ist Schnee selten geworden in den letzten Jahren.

Am Ende des Weges gehen wir links und kommen auf dem Mühlenweg wieder nach Hardheim zurück.

Stöcke braucht man nicht unbedingt, für Auf- und Abstieg sind sie dennoch hilfreich.

29 Von Gottersdorf nach Reichartshausen ...

… und auf dem Totenweg zurück

mittel 8,3 km 160 Hm 2:00 Std.

Tourencharakter
Mittelschwere Wanderung ohne allzu anspruchsvolle Stellen. Gutes Schuhwerk und eventuell Wanderstöcke sind trotzdem nützlich.

Ausgangs-/Endpunkt
Gottersdorf, Parkplatz am See

GPS-Daten
49°38'11.6" N 9°18'51.1" O

Anfahrt
Bus: VRN-Linie 849 von Walldürn
Auto: Von der B 47 (Walldürn–Amorbach) über die L 518

Karte
Östlicher Odenwald–Madonnenländchen: Odenwald Freizeitkarte 1:20000, Blatt 19, ISBN 978-3-931273-87-3

Information
Touristinformation Walldürn, Hauptstraße 27, 74731 Walldürn, Tel. 06282/67105, www.wallduern.de

Einkehr
Gasthof Schieser, Fichtenweg 2, 74731 Walldürn, Tel. 06286/410, ferienhof-schieser.de
Gasthaus Zur Post, Reichartshausen 11, 63916 Amorbach, Tel. 09373/1439, www.post-gasthaus.de
Gasthaus Zum Engel, Reichartshausen 4, 63916 Amorbach, Tel. 09373/8980

Es mag sich seltsam anhören, ist es aber keineswegs. Diese angenehme und schöne Runde durch den östlichen Odenwald eignet sich für jede Jahreszeit. Wir sind sie diesmal im Herbst gegangen.

Über Wiesen und Weiden in den Wald Vom Parkplatz am Gottersdorfer See halten wir uns rechts, gehen am Odenwälder Freilandmuseum vorbei geradewegs durch Gottersdorf und nach kurzer Strecke schon hinaus. Zwischen Wiesen und Weideflächen wandern wir noch ein Stück durch offenes Gelände, dann sind wir im Wald. Das bleiben wir auch eine ganze Weile, bis die Wege sich plötzlich verzweigen. Wir halten uns rechts, aber nicht scharf rechts, sonst sind wir zu früh zurück. Hier und da begegnen wir vielleicht noch Schildern, die auf den Fränkischen Marienweg verweisen, doch sind die nicht mehr aktuell. Nach einer Umgestaltung 2020 führt er offiziell nicht mehr durch Gottersdorfer Gebiet. Für diese knapp zweieinhalb Kilometer haben wir schon eine ganze Weile gebraucht, nicht, weil der Weg schwierig wäre, sondern weil jetzt im Herbst überall die Pilze sprießen. Man kann ihnen fast beim Wachsen zusehen. Wir bewundern den farbenprächtigen Fliegenpilz, entdecken immer wieder Stockschwämmchen und sogar eine Krause Glucke. Auch Bildstöcke sind hier im Wald zu finden.

Madonnenaltärchen

... und Bildstöcke findet man im Madonnenländchen allerorten.

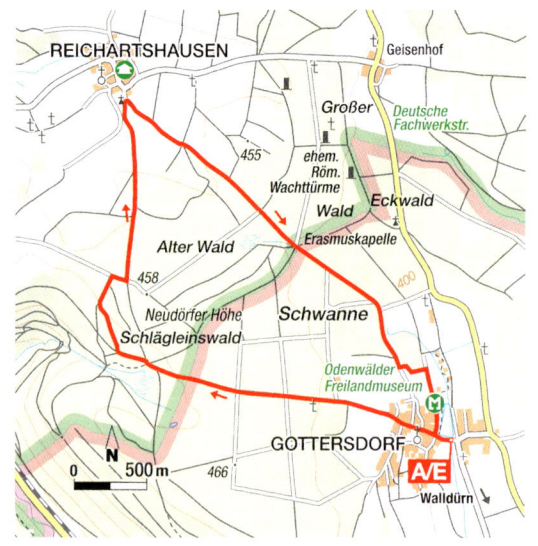

Nach Reichartshausen Der Weg ist bald zu Ende, wir gehen rechts und schon nach einem kurzen Stück wieder links. Nun bleiben wir auf diesem Weg, bis wir aus dem Wald kommen, und halten auch dort noch auf Reichartshausen zu. Falls wir nicht in den Ort wollen, um dort in einer der beiden Gastwirtschaften Rast zu machen, kehren wir kurz vor dem Ort in der Gabelung scharf nach rechts um. Jetzt sind wir auf dem Totenweg. Er heißt so, weil Gottersdorf lange keinen eigenen Friedhof hatte und die Verstorbenen zur Beerdigung nach Reichartshausen gebracht werden mussten. Vor dem Wald gabelt sich der Weg noch einmal, wir halten uns links.

Zurück nach Gottersdorf Noch ein Stückchen geht es am Waldrand entlang, dann sind wir wieder mitten im dichten Odenwald. Wir bleiben auf diesem Weg, bis wir wieder in Gottersdorf sind, oder wir biegen links ab, wenn wir aus dem Wald kommen,

Blick auf Gottersdorf

Wanderungen im Herbst sind auch im Odenwald sehr farbenfroh.

und dann gleich wieder rechts. Dann kommen wir in Gottersdorf direkt am Freilichtmuseum heraus. Die Besichtigung desselben hätte uns zu Beginn der Wanderung allzulange aufgehalten. Jetzt können wir uns die Zeit dafür nehmen. Verschiedene historische Gebäude aus der alten ländlichen Lebens- und Arbeitswelt sind hier wieder aufgebaut worden. Vom einfachen Arbeiterhaus bis zum Großbauernhof ist alles vorhanden, sogar ein Bauernhof mit Postagentur.

Bevor wir zum Parkplatz (oder zur Bushaltestelle) zurückgehen, machen wir noch einen kleinen Rundgang durch den Ort, schauen uns die teilweise alten Häuser an und gucken auch einmal in die Kirche. Sie ist zwar erst 1921 erbaut worden, man hat aber ältere Teile mit integriert. Drinnen sehen wir eine Marienskulptur aus dem 16. Jahrhundert und Deckengemälde des Kunstmalers Josef Wagenschwender aus dem Jahr 1826.

Odenwälder Freilandmuseum

Schauen Sie vorher auf die Website des Freilandmuseums (www.freilandmuseum.com). Es finden zu speziellen Zeiten Führungen und an bestimmten Terminen besondere Veranstaltungen statt. Im Sommer gibt es ein Wochenende, da sind Musiker über das ganze Gelände verteilt und geben ihr Können zum Besten und nicht selten sind dann alte, eher selten zu hörende Instrumente zu bewundern wie Drehleier, Hardangerfidel oder die Nyckelharpa.

30 Von der Wohlfahrtsmühle zur Josephskapelle

Rundwanderung bei Hardheim

leicht 4,3 km 110 Hm 1:15 Std.

Tourencharakter
Leichte Wanderung ohne anspruchsvolle Stellen. Gutes Schuhwerk und Wanderstöcke sind trotzdem nützlich.

Ausgangs-/Endpunkt
Hardheim, Parkplatz bei der Wohlfahrtsmühle

GPS-Daten
49°36'59.6" N 9°26'56.0" O

Anfahrt
Auto: Über die B 27 von Tauberbischofsheim, Walldürn, Mosbach, Heilbronn, über die L 514 Anschluss an die A 81; über die Miltenberger Straße (L 521) zur Wohlfahrtsmühle

Karte
Fränkischer Odenwald–Madonnenländchen: Odenwald Freizeitkarte 1:20 000, Blatt 20, ISBN 978-3-931273-95-8

Information
Gemeinde Hardheim, Schloßplatz 6, 74736 Hardheim, Tel. 062 83/58-0, hardheim.de

Einkehr
Wohlfahrtsmühle, Wohlfahrtsmühle 1, 74736 Hardheim, Tel. 062 83/222 20, www.wohlfahrtmuehle.com/waldhotel-restaurant/
Steinemühle, Doggenbrunnen 31, 74736 Hardheim, Tel. 062 83/357, www.steinemuehle.de

Die Wanderung von der Wohlfahrtsmühle aus sollte für uns 2020 die letzte im Odenwald sein. Ich hatte sie für das Buch schon nicht mehr vorgesehen. Sie hat uns aber dann so gut gefallen, dass sie unbedingt als Abrundung noch hineinmusste.

Hinauf in den Wald Es ist keine spektakuläre Wanderung, aber eine schöne, die selbst im Spätherbst außer den bunten Blättern noch viele farbige Überraschungen am Wegesrand bringt. Es blühte noch viel mehr, als wir erwartet hatten. So sahen wir beispielsweise eine verblühte und vertrocknete Sonnenblume,

Von der Wohlfahrtsmühle zur Josephskapelle

die an der Rückseite der alten Blüte bereits wieder eine neue trieb. Vom Parkplatz aus gehen wir, die Wohlfahrtsmühle im Rücken, geradeaus und halten uns bei den Abzweigungen rechts. Es geht aufwärts durch den Wald. Rechts unten begleitet uns der Waldsbach ein Stück.

Linke Seite: Das Erftatal liegt schon im Schatten, während man oberhalb noch die warme Sonne spürt.

Zur Josephskapelle Wo der Weg endet, gehen wir scharf links weiter, zunächst wieder durch den Wald. Bald kommen wir an den Waldrand und folgen diesem nun, bis wir auch zur linken Hand Wiesen und Felder haben. Es gibt Obstbäume, bei denen wir uns nach Fallobst bücken können. Es gibt genug, das sich des Aufhebens lohnt, zwar nicht zum Lagern, aber zum schnellen Verbrauch. Bis zur Josephs-

Kunst im Wald

Heißersehnte Erfrischung am Brunnen der Kaiserhochalm

Rückkehr zur Wohlfahrtsmühle

kapelle müssen wir uns wegen Wegänderungen keine Gedanken mehr machen. Dort haben wir auch den höchsten Punkt erreicht. Danach geht es nur noch abwärts.

Linke Seite: Rast an der Kapelle

Zurück zur Wohlfahrtsmühle An der Kapelle könnte eine kleine Rast eingelegt werden, wenn die vorbeifahrenden Autos auf der B27 uns nicht stören. Danach geht es ein paar Treppenstufen abwärts. Wir gehen links, um zur Wohlfahrtsmühle zurückzukommen. An zwei weiteren Abzweigungen halten wir uns rechts. Sollte das letzte Stück, der Weg durch den Wald, wegen Forstarbeiten gesperrt sein – wie es uns passiert ist –, gehen wir einfach am Waldrand über die Wiese zurück zur Mühle, wo wir – vorausgesetzt wir haben keine Pandemie – die wohlverdiente Rast einlegen und uns um das leibliche Wohl kümmern können. Eine Tafel am Parkplatz weist in der Umgebung der Wohlfahrtsmühle noch weitere, teils längere Wanderrouten aus, sodass sich das Wiederkommen – auch zu anderen Jahreszeiten – lohnt.

Verlängern der Tour

Wer etwas länger wandern möchte, geht nach der Josephskapelle rechts ab Richtung Hardheim bis zur Steinemühle. Direkt davor wieder links bis zur Wegverzweigung, dort rechts bis zu dem kleinen Teich und um diesen herum. So kommen wir auch wieder zur Wohlfahrtsmühle. Der kleine Umweg verlängert die Wanderung um gut zwei Kilometer. Bei der Steinemühle können Sie im Mühlenladen übrigens einkaufen, wenn es Ihnen nicht zu lästig ist, den Wanderrucksack – so Sie einen mithaben – noch zu beladen.

Pilgern im Odenwald ist nicht die schlechteste Idee (siehe Tour 8).

Zugabe

Sie wollten schon immer mal den Jakobsweg nach Santiago de Compostela gehen? Es hat aber an der Zeit, an der Gelegenheit, am Geld oder was auch immer gemangelt? Es gibt inzwischen viele Routen in Deutschland, die einen auf diesen Weg bringen können, zum Beispiel die Teilstrecke von Rothenburg ob der Tauber bis Speyer. Diese führt auch über Mosbach, also ein kleines Stückchen durch den Odenwald, im Grunde aber doch eher dran vorbei.

Es gibt jedoch ein paar als Pilgerwege ausgewiesene Routen, die Sie sich einmal anschauen können, wenn Sie derartige spirituelle Fußtouren unternehmen möchten.

Zum Beispiel den Camino Incluso, der von Bensheim-Auerbach über die Höhen des Vorderen Odenwaldes bis nach Heidelberg führt. 84 Kilometer ist dieser Pilgerweg lang und rund 1780 Höhenmeter sind zu überwinden (aufsummiert), es geht also ganz schön auf und ab dabei. Wenn man sich die Strecke gut einteilt und die Etappen im Bereich von 10 bis 15 Kilometern hält, dürfte dieser Weg im Grunde für alle gangbar sein. Der Weg ist vom Odenwaldklub gut ausgezeichnet (gelbes Säckchen mit Richtungspfeil) und soll angeblich auch von Rollstuhlfahrern zu bewältigen sein. Für Letzteres können wir aber keine Gewähr geben. Eine etwas kürzere Route ist der St.-Jost-Pilgerweg in Fischbachtal. Es ist ein Rundweg von 22,4 Kilometern, bei dem eine Differenz von rund 550 Höhenmetern zu überwinden ist. Am ersten Samstag der hessischen Sommerferien können Sie sich einer Pilgerwanderung anschließen, die von der Evangelischen Gemeinde Niedernhausen organisiert wird.

Viel Spaß beim Wandern und Pilgern

Das Wegzeichen des Camino Incluso

Register

A
Abtei Amorbach 69
Adventon 92
Amorbach 66

B
Bligger-Linde 38
Breitenbuch 65
Breuberg 80
Breuberg Museum 81
Brunnthal 78
Burg Breuberg 81
Burg Eberbach 26
Burg Guttenberg 19
Burg Hornberg 17
Burgruine Rodenstein 85
Burg Schadeck 37

D
Dreiländerstein 48

E
Eberbach 27
Eberstadter Tropfsteinhöhle 104
Egelsee 92
Einbach 98
Einhardbasilika 59
Elz 95, 96
Enz 98
Ernsttal 46
Eulbach 62

F
Felsenmeer 33
Flursbach 20
Fürstenauer Schloss 58

G
Gerichtstetten 106
Gottersdorf 116
Gotthardsberg 66
Götzenturm 100
Gundelsheim 16
Guttenbach 22

H
Hardheim 112
Haßmersheim 18
Heidelberg 32
Heidersbacher Mühle 95
Hettigenbeuern 100
Himmelsleiter 33
Hinterburg 27, 36
Höllbach 30

J
Josephskapelle 121

K
Karre-Franz-Höhle 71
Kastell Osterburken 91
Katzenbuckel 28
Keltenschanze 109
Kirchzell 50
Klanggarten 78
Kloster Buddhas Weg 43
Köhlerhaus 48
Königstuhl 33
Kunstweg Siedelsbrunn 43

L
Laudenau 85
Laudenbach 76

Limbach 95
Limbacher Mühle 94
Limespfad 110
Limeswachturm 91
Lindenbach 38

M
Maisenklinge 98
Marbach-Stausee 56
Margarethenschlucht 20
Michelstadt 58
Miltenberg 74
Minneburg 24
Mittelburg 36
Morre 100
Morretal 71
Mossautal 56
Mühlstein 106
Mülbener See 30

N
Neckargemünd 35
Neckargerach 20
Neckarmühlbach 18
Neckarsteig 16, 35
Neckarsteinach 36
Nibelungenpfade 70

O
Odenwälder Freilandmuseum 119
Osterburken 90
Ottostein 74

P
Preunschen 50

R

Räuberhöhle 64
Reichartshausen 118
Reichelsheim 84
Römerbad 62
Römermuseum
  Osterburken 90
Roßbach 55
Ruhstein 39

S

Scheringen 98
Schloss Erbach 55
Schloss Horneck 17
Schloss Laudenbach 76
Schloss Reichelsheim 84
Schloss Reichenberg 86
Schneeberg 70
Siedelsbrunn 41
Siegfriedquelle 73
Sonderzug nach Pankow 69
Steinbach 58
Steinbruchsee 29
Steinemühle 123
St. Maria in Lichtenklingen 41

T

Teufelstein 38
Tropfsteinhöhle Eberstadt 104

V

Vorderburg 36

W

Wacholderheide 114
Waldbrunn-Mülben 30
Waldhausen 99
Waldschloss Waldleiningen 46
Walldürn 110
Watterbacher Haus 53
Weg der Kristalle 29
Weilbach 66
Wildenburg 51
Wildpark Brudergrund 54
Wildweibchenpreis 85
Wildweibchenstein 86
Wohlfahrtsmühle 120
Würzberg 62

Impressum

Verantwortlich: Sabine Klingan, Miriam Gieler
Redaktion, Lektorat und Satz: mcp concept GmbH, Susanne Maute
Covergestaltung: Rudi Stix
Umschlaggestaltung: Alexander Knoll
Repro: Cromika
Kartografie: Bruckmann Verlag GmbH, Heidi Schmalfuß
Herstellung: Stephanie Schlemmer
Printed in Slovenia by Florjancic

> Sind Sie mit diesem Titel zufrieden? Dann würden wir uns über Ihre Weiterempfehlung freuen. Erzählen Sie es im Freundeskreis, berichten Sie Ihrem Buchhändler oder bewerten Sie bei Onlinekauf. Und wenn Sie Kritik, Korrekturen, Aktualisierungen haben, freuen wir uns über Ihre Nachricht an Berg Verlag, Postfach 40 02 09, D-80702 München oder per E-Mail an lektorat@verlagshaus.de.

Unser komplettes Programm finden Sie unter   www.j-berg-verlag.de

Alle Angaben dieses Werkes wurden vom Autor sorgfältig recherchiert und auf den neuesten Stand gebracht sowie vom Verlag geprüft. Für die Richtigkeit der Angaben kann jedoch keine Haftung übernommen werden, weshalb die Nutzung auf eigene Gefahr erfolgt. Insbesondere bei GPS-Daten können Abweichungen nicht ausgeschlossen werden. Sollte dieses Werk Links auf Webseiten Dritter enthalten, so machen wir uns die Inhalte nicht zu eigen und übernehmen für die Inhalte keine Haftung.

In diesem Buch wird aus Gründen der besseren Lesbarkeit das generische Maskulinum verwendet. Weibliche und anderweitige Geschlechteridentitäten sind dabei ausdrücklich mitgemeint, soweit es für die Aussage erforderlich ist.

Empfehlung der Redaktion
Sie sind auf der Suche nach weiterführender Literatur? Dann empfehlen wir Ihnen den Titel *Alpine Pfade Baden-Württemberg* von Philipp Sauer. Oder Sie werfen einen Blick in die Zeitschrift *BERGSTEIGER*. Hier werden Sie bestimmt fündig.

Bildnachweis: Alle Bilder im Innenteil und auf der Umschlagrückseite stammen vom Autor mit folgenden Ausnahmen: S. 125: Commander-pirx at German Wikipedia, CC BY-SA 4.0.
Umschlagvorderseite: Blick auf die Neckarschleife von der Hinterburg aus (Tour 7), Cengiz Deniz/shutterstock.com
Umschlagrückseite: Rundweg um Amorbach (Tour 15)

Die Deutsche Nationalbibliothek verzeichnet diese Publikation in der Deutschen Nationalbibliografie; detaillierte bibliografische Daten sind im Internet über http://dnb.d-nb.de abrufbar.

© 2021 J. Berg Verlag in der
Bruckmann Verlag GmbH
Infanteriestraße 11a
80797 München

ISBN 978-3-86246-752-5